AF441278

© Eres lo que quieres ser
Juan Manuel Pineda Torrado 2021

ISBN:978-958-49-2480-3
Bogotá - Colombia
Mayo, 2021

Todos los derechos reservados.

Eres
Lo que quieres ser

Te invito a ser feliz
verdaderamente.

El manual de vida que debes conocer

Dejar de ser, quien eres, para
convertirte en lo que quieres ser.

Juan Manuel Pineda Torrado

A mi madre Ana Cecilia y mi padre Carlos Alfonso.

A mis hermanos: Carlos Alberto, Luis Alfonso y a mi otro hermano que, aunque no alcanzó el privilegio de la vida de habitar en este plano es unos de los nuestros.

A todo mi árbol generacional horizontal y vertical: abuelos, tíos, primos, sobrinos, hijos, ancestros y descendientes, los puedo ver y reconocer a todos y todos caben en mi corazón, encarnados y desencarnados, conocidos y desconocidos.

A los siempre hermosos Nicolás y Tintín Antonio.

A la Familia extendida que por elecciones personales decidieron   hacer parte de esta historia.

A todos mis amigos, compañeros y sanadores que me acompañaron, formaron, apoyaron y sin los cuales no hubiera sido posible esta obra.

A la madre tierra y todos sus seres. A toda la creación.

Los amo profundamente a todos.

Contenido

Introducción

El presente libro tiene como propósito ayudarte a entender los elementos básicos relacionados con el funcionamiento físico, estructuras mentales, emocionales y espirituales, comportamientos humanos individuales y sociales, encaminados a que comprendas inicialmente tu situación actual y luego puedas realizar los ajustes y correctivos necesarios que conduzcan a descubrir qué es lo que te enferma y qué es lo que te sana, entendiendo que es en tu mente, tu alimentación y tu respiración, en donde está la base de la cura para cualquier enfermedad y que de tu comportamiento consciente depende el camino al bienestar propio y del común. Algunos de estos conceptos te podrán parecer extraños, sin embargo, la invitación es a que tengas la mente abierta, los estudies, analices y tomes lo que realmente sientas que te aporta.

Cada persona tiene un proceso de vida específico y particular que está ligado a la forma como percibe la existencia junto con su misión y propósito de vida, algunos operan con modelos que generan abundancia y prosperidad, otros rodeados de sufrimiento y escasez. Estas diferencias tan extraordinarias suceden porque todos los seres humanos tenemos niveles de consciencia disímiles que cada persona los aplica de determinada manera en la forma como encara su proceso de vida. La calidad y cantidad de información es vital para afrontar cada desafío, sin embargo, a veces se tiene resistencia a aceptar o adoptar nuevos conceptos, sobre todo aquellos que van en contravía de lo que has aprendido o de las creencias que te han implantado, por esta razón este documento no busca imponer ideas o dogmas, sino que habla de posibilidades, oportunidades y propuestas.

Respeto todos los puntos de vista, tanto los de las personas que creen que existe una realidad más allá de la materia, como los de aquellas que no creen para nada en ello. Lo que se describe en este texto se desarrolla con base en el amor, en el respeto del ser humano y de toda clase de vida y está lejos de buscar que las personas tengan la sensación de definirse como creyentes o no, sino una exploración de la realidad de una forma independiente. Pienso que cuando dejemos de intentar imponer a los demás ideas o formas de ver la realidad, se abrirán posibilidades de paz y solidaridad verdaderas, con amor y respeto y se crearán espacios de colaboración que romperán muchas barreras innecesarias que operan actualmente.

Si este texto llega a tus manos es porque estás en el camino de búsqueda y tienes curiosidad de conocer las mejores pautas de tu proceso individual y grupal, de tal forma que te lleven a ser una persona feliz, con balance y plenitud. Pongo a tu disposición estas ideas, enfocadas a que puedas descubrir y potencializar tu vida de forma apropiada, que logres comprender que el éxito es el resultado de la aplicación de un plan con compromiso y disciplina basado en el amor propio y que esto solamente se logra mediante el equilibrio energético en todos los niveles.

Es en este momento histórico para la humanidad donde las experiencias vividas nos están insinuando que hay muchas cosas por mejorar, hay que comenzar la búsqueda de nuevos senderos que materialicen las condiciones favorables para lograr afrontar adecuada y dignamente nuestro paso por esta existencia, replanteando así aquellas creencias que actualmente están afectando la felicidad y el bienestar de todos los seres en este planeta. Hoy mismo los seres humanos tenemos una inmensa oportunidad y responsabilidad de generar ese cambio apoyado en el despertar de la consciencia, que, basado en el respeto, el amor y la comprensión, deben constituirse en los pilares que gobiernen la humanidad. A este acontecimiento actual algunas corrientes la han denominado Nueva Era.

Te invito a que hagas los siguientes cuestionamientos:

- ✓ ¿Qué tan fuerte y saludable me encuentro hoy?
- ✓ ¿Qué tan feliz me considero realmente?
- ✓ ¿Qué tan dinámico me siento?
- ✓ ¿En qué nivel de energía pienso que me estoy desempeñando?
- ✓ ¿Simplemente me conformo o me resigno?
- ✓ ¿Considero que estoy en paz realmente?
- ✓ ¿Me siento vibrando en amor verdaderamente?
- ✓ ¿Vivo con tranquilidad, opulencia y alegría cada día?

Si tus respuestas a este primer cuestionario no son plenamente satisfactorias, entonces es porque tienes muchas cosas que conocer, desarrollar, cambiar y/o mejorar en tu nivel de vida actual. El viaje comienza desde este momento, te invito a descubrirlo por ti mismo, te propongo que lo hagas a tu ritmo y estilo propios, pero comienza ya. Eres Bienvenido.

CAPÍTULO I

La evolución del pensamiento

A la fecha hemos logrado conocer y recuperar gran parte de información discutida y muchas veces ocultada durante miles de años por razones e intereses particulares, lo que nos lleva a contemplar hoy la revisión de muchos postulados actuales vigentes. Vemos cómo el desarrollo científico, económico y político, que han permitido un avance vertiginoso de conocimiento, lejos de cumplir con los objetivos primordiales de llevarnos a un progreso pacífico y armonioso, nos ha conducido por caminos inestables, enfrentándonos a más situaciones de inseguridad, corrupción, inequidad y enfermedad, los cuales mediante la generación de información confusa están generando millones de personas desconfiadas, sufridas, con miedo, enfermas y sobre todo desenfocadas.

Como base de reflexión se persiguen formas de estar mejor derivadas de la actual necesidad de despertar, conocer y tener unas nuevas misión y visión de vida, entendiendo que los modelos actuales están lejos de generar un bienestar transparente, una muestra de ello está en que muchas personas con triunfo económico y social superior al promedio, que inicialmente saborearon las mieles del éxito que toda persona del común persigue, posteriormente se ahogaron en sentimientos de fracaso íntimo, de vacíos inexplicables terminando siendo muy infelices. Casos como el del famoso actor y protagonista Robin Williams, cuyas películas cargadas de un gran contenido social, llenas de valores y felicidad que lo convirtieron en ícono de muchos, al final no surtieron el impacto en sí mismo, finalizando su vida dramáticamente de forma sorprendente con su suicidio el 11 de agosto de 2014;

de forma similar Kevin Lapeire, el payaso más famoso de Bélgica, conocido como el doctor aspirina, quien daba una voz de aliento visitando y divirtiendo a niños enfermos, de forma extraña terminó asesinando a toda su familia en el día de la madre de 2018; también el famoso escritor estadounidense de personalidad arrolladora Ernest Hemingway, así como el ídolo de muchos Michael Jackson y un sinnúmero de personalidades que a pesar de obtener materialmente todo lo que se ofrece por parte de la sociedad moderna, no lograron la plenitud dentro de sus procesos de vida. De igual forma podemos mencionar casos de personas en los que la falta de gestión propia individual los ha conducido al fracaso en lugar del triunfo, tal es el caso de más del 80% de los ganadores de lotería, que después de 5 años de haber ganado el premio, están peor que antes de recibirlo.

Es una cuestión de coherencia, porque la realidad que generas está directamente relacionada con la forma como administres y enfoques tu vibración en los planos físico, mental, emocional y espiritual, los cuales tendrán un impacto directo e inmediato en el bienestar en los diferentes aspectos de tu vida.

Medir la felicidad es un asunto complejo, ya que intervienen muchas variables, como los gustos, las relaciones, el nivel económico, la interacción con la naturaleza, etc. Sin embargo, tomo como punto de ilustración el informe sobre la felicidad realizado por la Organización de las Naciones Unidas, específicamente uno realizado en el año 2019, en el cual se midió bajo unos criterios la forma cómo ha evolucionado el bienestar de los ciudadanos en los últimos años en 156 países. Para elaborar el estudio se utilizaron datos de la encuesta mundial de la firma Gallup en la que se pide a los encuestados que puntúen su vida de 1 a 10, siendo uno (1) la peor vida posible y diez (10) la mejor vida posible[1]. En ella se observa que ningún país logró alcanzar un nivel de felicidad plena, ni de 9 puntos; tampoco de 8 y que solamente el 10% estuvieron en rango de 7 que tan sólo se acerca a aceptable; de otra parte, el 50% puntuaron entre 6 y 5 y el restante 40%, ni siquiera logra informar un nivel de felicidad que llegue a la mitad en términos de medición.

Estos indicadores como muchos más se convierten en alertas, que, acompañados de elementos tangibles como la falta de credibilidad de las instituciones, crisis de fe en las doctrinas de las diversas ideologías alrededor del mundo, etc., nos muestran que muchas personas no están viviendo su vida de forma satisfactoria sino de manera conformista, educados para aceptar lo que le informan los medios de comunicación llegando al punto de dejar de pensar y decidir por sí mismos. La evidente infelicidad indica que bajo el esquema tradicional muchas cosas se están haciendo incorrectamente y como consecuencia deben ser replanteadas y ajustadas, lejos de conformarse en pequeñas modificaciones a las estructuras actuales que se observan en decadencia inminente.

Estamos tratando de entender lo que ha ocurrido en la historia del mundo, las situaciones que se desarrollaron y la forma cómo están afectando el tiempo presente y en su camino se han ido utilizado los recursos tecnológicos y científicos existentes. El desarrollo tecnológico y científico, acompañado del uso apropiado de herramientas masivas de difusión como el internet han permitido un avance vertiginoso del conocimiento, invitándonos en muchos casos a tener mente abierta y abrir la puerta al conocimiento, sin embargo en otros casos, de acuerdo con los criterios y corrientes de pensamiento de cada época, la información relatada afectó la originalidad y la objetividad de lo que se estaba narrando por la influencia e imparcialidad de los escritores de su momento, perturbando la veracidad del relato por su punto de vista particular, o por intereses colectivos. Recuerda que las historias son narradas por los que ganan las guerras, por esta razón debemos comenzar a apartar el paradigma actual de que sólo creemos en lo que vemos, lo que está escrito o lo que nos han contado.

Posiblemente te has preguntado en algún momento porqué las escuelas enseñan poco o nada de las primeras civilizaciones en este mundo, remitiendo los textos históricos a 6.000 años atrás[2], ignorando o refiriéndose a las anteriores culturas solamente como aspectos mitológicos, como el caso de la existencia de los Sumerios de Mesopotamia[3], los cuales han sido reveladas parcialmente sin darle la importancia que merecen, en especial cuando son legado de gran valor tecnológico y que actualmente seguimos usando algunas cosas heredadas de su cultura, y que los científicos actuales por no poder explicar su origen o corroborarlas, tienen muchas dificultades para aceptarlas, pero no por esto deben ser descartadas o ignoradas.

De acuerdo con evidencia de información procesada y estudiada durante los últimos diez años en códigos encontrados en las tablas Sumerias (signos cuneiformes) y otros hallazgos arqueológicos, hoy en día nos cuestionamos situaciones como estas: ¿Cómo era posible que 3.800 años A.C. ellos conocieran exactamente la estructura del sistema solar ubicando los planetas de tal forma, como si los pudieran observar desde afuera del planeta tierra y cómo sabían que la tierra estaba inclinada en su eje 23grados?[4]; ¿Qué tecnología o apoyo tenían para conocer y entender el calendario basado en los ciclos lunares, así como el sistema de conteo 6.020 usado en la geometría para medir el tiempo, el arado y la rueda?

---

[2]   Drunvalo Melchizedek. La verdadera historia se Sumeria y Atlántida. https://youtube/3k1jlqdWSRk.

[3]   Donde está ubicado hoy en día Irak.

[4]   Drunvalo Melchizedek. El origen de la humanidad. https://youtu.be/xy-cl4HFNcUad

Hay tanta evidencia extraordinaria en esas tablillas de barro sumerias, (así como en otras fuentes alrededor del mundo como las pirámides), en las cuales se cuestiona mucha información suministrada, por ejemplo: Actualmente se narra que Moisés escribió el Génesis y se estima fue producido cerca del año 1.250 A.C, sin embargo se encontró que el mismo texto del primer libro bíblico ya había sido escrito en las tablillas de barro, palabra por palabra, 2.000 años antes de que se escribiera la Biblia, esto es año 3.250 A.C, en donde incluyen los mismos relatos de Adán y Eva y todos los nombres de sus hijos e hijas y todo lo que surgió con las demás cosas del Génesis[5].

Estas y otras investigaciones nos hacen replantear esquemas, por ejemplo, desde el punto de vista de la arqueología, en donde egiptólogos y arqueólogos como Adolphe Swaller, John Anthony West y Robert Shock, encuentran que las pirámides de Egipto y en particular la esfinge en la pirámide de Guiza cuya estructura original de 146,7 metros de altura es mucho más antigua de lo que se había afirmado durante décadas, indican que fueron construidas por civilizaciones entre 10.000 y 15.000 años, contrario al estimado actual oficial del año 2.500 AC.

Sus investigaciones   se basan   en el profundo nivel de erosión que tienen estas edificaciones, las cuales sólo pudieron generarse por grandes exposiciones al agua, concluyendo metódicamente que la esfinge no se erosionó por el viento y la arena del desierto del Sahara, sino por lluvias ocurridas en periodos anteriores a su sequía, entendiendo que en el desierto no llueve hace más de 10.000 años,

---

5   Drunvalo Melchizedek. El origen de la humanidad. https://youtu.be/xy-cl4HFNcUad

por esta razón actualmente se está tratando de esclarecer si estas construcciones las realizaron civilizaciones extintas como las Atlante y Lemuria.

También en América los Mayas demostraron tener el conocimiento necesario que les permitió confeccionar su propio calendario y un sistema numérico que incluía el cero. Observando la exactitud de su legado, sus extraordinarias matemáticas, su impecable astronomía por el uso de instrumentos increíblemente precisos, que, a pesar de su asombrosa sencillez, lograron registrar sistemáticamente los movimientos conca- tenados de la Tierra, el Sol, la Luna, los Planetas y las Constelaciones, hoy nos preguntamos la razón por la cual ha sido ignorado y despreciado todo este conocimiento.

Se han encontrado alrededor de 200 pirámides colocadas de forma masiva alrededor del mundo con extrañas coincidencias, conectadas estratégicamente en varios puntos de la tierra y con increíbles alineaciones con las constelaciones de estrellas. La más famosa es la gran pirámide de Guiza, que está colocada exactamente en el centro de la masa de la tierra en donde el paralelo este-oeste cruza la mayor parte horizontal de la tierra y el meridiano norte–sur cruza la parte vertical, conectando de forma perfecta con otras construcciones piramidales alrededor del planeta[6]. ¿Cómo fue posible esto sin la capacidad de volar o de cualquier otra herramienta tecnológica? Son situaciones evidentes que han sido disfrazadas y encubiertas durante décadas.

---

6 Algunas de la más destacadas son en Indonesia (Gunung Padang); México (Chichén Itzá, Cholula, Teotihuacán, De los nichos, Tolun y Coba,); En Guatemala (Tikal); En China (Xian, Qin Shi Huang, 18 mausoleos de la dinastía tang); Indonesia (Candy shouq); Islas canarias (Guimar); Irak (Zigurat de ur); Italia (cesio) y recientes descubrimientos en la Antártida. Fuentes varias.

Derivado de todos estos hallazgos es que revelaciones de avistamientos de Objetos Voladores No Identificados (OVNI) [7], que por muchas décadas fueron negadas en la actualidad han salido progresivamente reconocidas a la luz pública, todo derivado de la impotencia de continuar negando u ocultando estos fenómenos. Cosas como que tuvimos que esperar hasta el año 1.400 después de cristo para aceptar que la tierra es redonda cuando sabíamos esto miles de años atrás desde los escritos antiguos.

A su vez, los maestros taoístas durante generaciones han trasmitido su sabiduría oralmente a través de miles de años, enseñando experiencias y técnicas como el Chi Kung, resultantes de imitar determinados tipos de movimientos inspirados en la observación de prácticas que realizaban los animales en su vida cotidiana, que no requieren de comprobaciones científicas previas para observar el rápido bienestar que generan en el ser humano al ser realizadas.

Muchos conocimientos ancestrales que hasta ahora están siendo reconocidos con investigaciones recientes, donde se han encontrado fibras neuronales en el corazón, así como en la zona abdominal, estos "hallazgos" científicos han sido utilizados y entendidos desde hace miles de años por civilizaciones antiguas, como la China y la India. Otro ejemplo, donde el Tan Tien[8] es estimulado mediante la aplicación de técnicas milenarias como la medicina tradicional china y la acupuntura, generando bienestar físico y mental indudable.

7 Por su sigla en inglés UFO–Unidentified flying Object; en español OVNI–Objeto Volador no identificado.

8 Tan Tien, denominado el segundo cerebro. Este punto es un centro energético que tiene un papel protagonista en diversas disciplinas de la tradición oriental relacionadas con el desarrollo externo e interno, particularmente en las artes marciales, Tai Chi Chuan y el Yoga. https://www.nammu.com/esp/tan-tien/

El enfoque de la reflexión va más allá de la simple revisión o cuestionamiento de las estructuras religiosas, políticas o económicas actuales, las cuales requieren ajustarse a las necesidades presentes, comprendiendo que el resultado del caos actual surge como consecuencia de la concentración y manipulación de la información, acompañada de muchas decisiones direccionadas que han sido tomadas a través de la historia de la humanidad. En este momento resulta imposible seguir ocultando o ignorando enseñanzas y conocimiento sólo por el hecho de no aprobar el filtro del método científico. No tiene sentido seguir gastando millones de dólares probando científicamente cosas que civilizaciones antiguas ya lo sabían. En este punto es necesario comprender que en muchos casos la información cataloga- da como autorizada y original no es equivalente a auténtica o verdadera, sino que en muchos casos ha sido ajustada a conveniencias particulares.

Es preciso decir que parte de mucha desinformación en unos casos o saturación intencionada en otros, nos da como resultado hoy una gran confusión y desconfianza, es en este punto en el que debemos analizar, evaluar y verificar crítica y objetivamente la información que recibimos cotidianamente, dándole un uso más consciente y responsable.

Ahora bien, para entender el momento actual es preciso comprender el proceso evolutivo humano desde el punto de vista intelectual, comenzando por una etapa inicial donde el hombre primitivo procuraba su subsistencia básica de forma que los primeros habitantes no contaban con comodidades ni recursos y tenían un nivel mental poco desarrollado, concentrado en el uso del cerebro reptil o reptiliano 9 (también algunos lo mencionan como paleo-mamífero) como forma de supervivencia, cuya herramienta principal era el uso del máximo potencial del cuerpo físico acompañado de un poderoso estímulo mental, esto es correr más rápido para no ser devorado, hacer o no hacer ruido para cazar y experimentar con las diferentes opciones que ofrecía la tierra para alimentarse, de tal manera que evitaran intoxicarse o fallecer al consumirlas.

El hombre primitivo vivía sin tecnología, dinero, ni comodidades, sólo era cuestión de no perecer en el intento, lo cual fue necesario y resultó exitoso en su momento, sobre todo cuando consigue alimentarse y sobrevivir al medio sin ser devorado por un animal salvaje o cualquier otro factor del entorno.

Esta primera etapa la denominaré etapa primitiva de supervivencia, la cual fue llevada a cabo de acuerdo a las condiciones que se fueron presentando. Hoy en día no corremos peligros de muerte semejantes, sin embargo, las creencias y el exceso de información dirigida nos están acostumbrando a tener activado hoy en cada momento esta parte del cerebro, generando desconfianza de todos y de todo a nuestro alrededor, lo cual sólo es un proceso mental mal enfocado que lo único que deriva es en el caos y la enfermedad.

---

9   El cerebro reptiliano es el que compartimos con otros mamíferos y reptiles. Se encarga principalmente de poner en marcha nuestras funciones más básicas y primitivas como, por ejemplo, protegernos de posibles amenazas, defendernos y huir para asegurar nuestra propia supervivencia. Es el encargado también de llevar a cabo algunas conductas inconscientes e involuntarias como nuestra respiración, la presión sanguínea, la temperatura, el equilibrio, entre otras. https://www.psicologia-online.com/que-es-el-cerebro-reptiliano-partes-y-funciones-4229.html

Posteriormente el uso adecuado del discernimiento produjo la invención y construcción de herramientas y elementos como máquinas, barcos, aviones y otros que los llevaron a abandonar formas de vida pasadas que en su momento fueron fundamentales, fomentando así los asentamientos, la industria y el comercio, logrando tener una vida más confortable. Esta segunda fase la denominaré etapa del desarrollo comercial. Luego como consecuencia de la actividad de desarrollo mental, social y espiritual propia de la humanidad de la época surge la tercera etapa, en la cual, el énfasis en la práctica y estudio de la parte emocional ganó su espacio propio, floreciendo en el hombre el impulso de las artes y letras, que a través de la música, poesía, teatro y pintura hicieron que se despertaran gran variedad de sentimientos, emociones y pasiones que lo llevaron a elevar su frecuencia vibratoria, acercándolo cada vez más a la conexión con sus partes físicas, sensibles y espirituales.

Como consecuencia del proceso evolutivo, en la era actual gozamos de un considerable desarrollo físico, mental y espiritual, que acompañado de un desarrollo tecnológico nos ha llevado a tener un nivel de vida lleno de confort, talento, inteligencia racional y emocional, no obstante, todo este conocimiento y experiencias las debemos enfocar a nuestro favor en lugar de que se vuelvan en nuestra contra, concibiendo al ser humano de forma holística como una manifestación de energías sutiles y densas interactuando entre sí y no de forma separada.

Si queremos un mundo de paz y de justicia debemos poner la inteligencia y la tecnología al servicio del amor.

Las personas e instituciones de por sí no cambian de un día para otro, es un proceso de tiempo y perseverancia en la aplicación de las herramientas de cambio, pero sin la transformación personal de cada uno de nosotros como individuos libres, conscientes y responsables, difícilmente se realizará.

Por dónde empezar

Comienza preguntándote a ti mismo lo siguiente: ¿Para qué evolucionamos sino para ser mejores personas? Te enseñan a ser más productivo, más adinerado, pero ¿dónde queda ser más dichoso, más saludable y mejor ser humano? Si cada día te especializas en ser más hábil en algo como ser mejor estudiante, trabajador, deportista, adinerado o todas las anteriores, entonces ¿porque no te especializas en ser cada día más feliz, corrigiendo, mejorando y sacando lo que no sirve tanto en tu interior como en el exterior?

Una posible respuesta es que te enseñan que el ser exitoso no contempla tener reveses para lograrlo, sino que debe ser un proceso perfecto, y por eso sufres, te cuestionas y dejas de amarte cuando no logras los resultados impuestos por ti o por otros. Hoy en día el fracaso se entiende como una equivocación y no lo es. Fracasar no es perder, es aprender y continuar. Si fracasas y abandonas, eso es solamente dejar de luchar, representa morir antes de partir.

Comienza por aceptar que tu proceso es diferente de todos y por esto es tu propio derecho cometer errores a lo largo de tu paso por esta vida, vinimos a aprender y a recordar, para saber lo que está bien y lo que está mal, es procedente comenzar a entender tu propio proceso energético por ti mismo, evitando que otras personas intervengan en tus decisiones. Es tú vida, es tú mundo y eres tú quien debe gestionarlo. Constituye un error encajonarte en mediciones o comparaciones con los demás.

Cuando un deportista o artista observa que se equivoca entrenándose en su disciplina, ya sea porque se lo dicen o se da cuenta por sí mismo, en primer lugar, lo reconoce y luego lo corrige, modifica y olvida aquello que está haciendo mal, esta decisión depende sólo de sí mismo. Es preciso que entiendas que los fracasos son la llave que te invita a realizar los cambios y ajustes necesarios para mejorar. Fracasar y levantarse no es fracasar, en cambio cuando fracasas y no lo superas, terminarás hundido en tu propia frustración.

El cambio de mentalidad comienza con la forma como guías tus pensamientos, los cuales son el motor que marca tu travesía por este mundo. La felicidad más que un objetivo o un camino, es un estilo de vida. Por esta razón, independientemente de la actividad que realices, acepta que tu trabajo inicial siempre será escoger qué clase de día vas a tener, comprendiendo que todo lo que sucede en tu camino es un aprendizaje y que, con el uso de tu libre albedrío, has decidido convertirlo en tu dicha o sufrimiento propio.

La vida es como una caja de chocolates
nunca sabes cuál te va a tocar,
lo importante es disfrutar el que te salió.

Película Forest Gump

Aprende a trabajar en la dirección correcta, desde los planos físico, mental, emocional y espiritual, todos conectados y relacionados entre sí, con la energía y potencia propicias para lograr los resultados que te lleven a una vida saludable, abundante, colmada de paz y felicidad. Trabajar de forma individual y separada de los diferentes planos te dará resultados parciales y afectará el resultado esperado que es ser la mejor expresión de ti mismo.

Para cumplir con el propósito de tu vida cuentas con dones, que son las habilidades que tienes ganadas, aquellas cosas que sabes hacer con facilidad sin aprenderlo de nuevo, sólo tienes que desarrollarlas y explotarlas. También desarrollas nuevas habilidades, que son las cosas que logras realizar mediante el aprendizaje. Puedes hacer brillar tus dones mediante el aprendizaje y puedes crear dones nuevos mediante la enseñanza. Lo importante es que hagas las cosas con agrado y aceptación. Tú sabes en tu interior qué es lo que te apasiona, y si no lo has descubierto, comienza a pensar en ello para que te llegue la información que necesitas, para que se te revele y ella llegará.

Cuanto antes resuelvas cambiar y empieces a quererte a ti mismo será mejor porque vivirás plenamente, progresarás y evolucionarás, para ello es preciso que te hagas los cuestionamientos iniciales:

• ¿Qué es lo que piensas? Porque muchas veces lo que piensas no son tus propias ideas sino aquellas que has adoptado de la familia, la escuela, sociedad y del pasado, que sumadas a la saturación informática te puede llevar a caminos de conformismo, miedo, rencor y muchas veces frustración.

* ¿Qué es lo que ves? Observando si lo que estás viendo es real o es producto de la manipulación mediática, familiar, cultural, etc.

* ¿Qué es lo que comunicas? Analizando si lo que estás diciendo es útil y productivo tanto para ti como para los demás.

Acostúmbrate a vivir pensando en positivo, haciendo tus actividades con pasión, a tu gusto, de manera que tengas la perseverancia para lograrlas, desarrollando tus dones y talentos, porque cuando haces lo que te gusta lo haces con entusiasmo y alegría, y eso te proporciona la suficiente energía para convertirlo en una pasión. Te engañan con sofismas [10] tales como que todo lo que tiene mérito tiene dificultad, y como lo que haces con agrado no tiene dificultad, entonces eso no tiene mérito, valorando la productividad en lugar de la creatividad.

Los dones y talentos son aquellos que en lugar de ocasionarte esfuerzo te ocasionan entusiasmo, hacer lo que no te gusta te agota, al contrario, cuando haces lo que te gusta te brinda nutrición energética en lugar de un consumo, porque estás haciendo algo que está directamente relacionado con tu espíritu, entonces, la noción del tiempo y del espacio se acorta, porque cuando lo haces aplacer, el tiempo pasa inadvertido.

---

10. Un sofisma es un argumento falso o capcioso que se hace pasar por verdadero.

Pregúntate a ti mismo:

• ¿Qué tanto disfruto hacer las cosas que estoy haciendo en la actualidad?

• ¿Hago las cosas por convicción propia o están dirigidas a tener contentos a los demás?

• ¿Hago las cosas con consciencia propia o para acatar dogmas políticos, religiosos, etc.?

• ¿Todo lo que acato de los dogmas que sigo están en concordancia con lo que realmente siento desde mi corazón que se debe hacer?

• ¿Realmente me siento feliz y tranquilo(a) acatando dogmas de terceros?

A continuación, presentamos las generalidades a tener en cuenta para iniciar tu proceso de mejoramiento de una forma contundente y exitosa.

Respirar

Lo primero que hiciste cuando llegaste al mundo fue respirar y continúas haciéndolo de forma constante durante toda tu vida, también será lo último que hagas cuando te vayas. No la puedes ignorar ni evitar, por ello aprende a respirar bien. Una respiración apropiada y consciente te ayudará a descubrir, entender y procesar mejor tus pensamientos y emociones, por esta razón hay que conocerla, entenderla y controlarla.

Existen varias maneras de alimentarnos, nos alimentamos del agua y de sólidos, también nos alimentamos del aire. Cuando respiramos nos hacemos solidarios por obligación porque siempre estamos compartiendo el aire, algunos le llaman alimentación celeste o prana celeste. Cuando respiras estás recibiendo del medio ambiente el aire cargado de oxígeno, además de los elementos físicos del aire y junto con ellos recibes la energía de fuerza vital que trae el aire, que en algunas culturas se llama "Chi[11]". Cierra los ojos y observa: respira y siente suave y profundamente esa energía que estás recibiendo al respirar. El aire que inhalaste hace sólo unos pocos segundos estaba en el cuerpo de tu vecino, compañero, esposo(a) y ese aire que tú estás exhalando va a ir al medio ambiente y gran parte de esas moléculas de esa energía la vas a compartir con ellos, la van a recibir los animales, las plantas, el planeta y muchísimas personas, es un permanente intercambio, que es lógico, natural y constituye la esencia de la vida.

---

11.   Es un concepto que tiene sus orígenes en la antigua filosofía china, pero se encuentra en la mayoría de las culturas antiguas del mundo. En la India, se llama Prana; en la China, Chi; en Japón, Ki; para los nativos americanos el Gran Espíritu. La idea de la fuerza de la vida es el eje central de la medicina y la curación tradicional. El Chi (literalmente "aire, aliento, disposición de ánimo") es la energía o el principio activo que nos da la vida, la energía vital que une cuerpo, mente y espíritu. https://www.psicoactiva.com/blog/que-es-el-chi/

La respiración es el timón y el alimento vital más importante del ser humano y tal vez no le prestas la atención que se merece. Tomas 20.000 respiraciones al día y pierdes ½ litro de agua en una jornada por este proceso respiratorio, entiende que todo este manejo de energía fluirá mejor en el momento en que la sepas manejar. Cuando respiras conscientemente separas el pasado y el futuro a donde te llevan tus pensamientos, es cuando aterrizas y te das cuenta de que estás aquí, en este instante, te enfocas fácilmente disminuyendo a voluntad el ritmo de los latidos del corazón, te conectas con lo que está pasando, con lo que debes hacer, lo que escuchas y lo que sientes, convirtiéndose en el medio inicial de sincronización corporal, mental y de tu espíritu, eliminando esa carga emocional innecesaria que tanto te molesta. El patrón respiratorio está relacionado directamente con tus emociones, es el nexo entre el cuerpo, la mente y el sistema nervioso, de esta forma el cansancio tiene una forma de respirar, la tristeza tiene una forma de respirar, entre menos vitalidad y menos energía de vida tengas por tu inapropiada respiración, tus emociones serán más densas y perjudiciales, en cambio cuando varías tu patrón respiratorio puedes cambiar efectivamente tus acciones y con ellas mejoras tu nivel de vida.

Cada día tienes entre 60.000 y 90.000 pensamientos de los cuales el 90% son repeticiones permanentes de lo que pensaste el día anterior. Eres un reflejo de la calidad de tus pensamientos. De acuerdo al ritmo respiratorio que manejes puedes aquietar esos pensamientos rondantes en tu cabeza y lograr la concentración necesaria para enfocar correctamente lo que debes hacer en cada momento sin distraerte con la carga innecesaria de pensamientos.

La concentración en el pensamiento es muy importante, somos respirados por la consciencia de nuestro cuerpo, al respirar con consciencia llegas a este instante, el aquí y el ahora.

La respiración es la conexión en el aquí y el ahora, muchas veces te hablan y estás pensando en todo menos en lo que te están diciendo, entonces cuando ese presente, (que luego de un segundo es pasado) te confunde y vuelves a tu nuevo presente te preguntas: ¿qué fue lo que me dijo? ¿Qué era lo que tenía que hacer? y te desequilibras y empieza como un círculo vicioso una nueva carga emocional cargada de despiste, ansiedad, preocupación etc.

En el instante en que empiezas a tensionarte pensando en las cosas que tienes que hacer en el futuro, generas procesos ansiosos. Pon atención por un momento en la forma como respiras, debe ser una brisa ligera, esto es que tus pensamientos y emociones van a un mismo ritmo y como consecuencia tu cuerpo se libera de tensiones inútiles. Cuando controlas tu respiración, tu cuerpo no incluye emociones tóxicas innecesarias derivadas de tus pensamientos desenfocados y comienza a hacer cada cosa mejor, dejas de ser torpe por desatención, así emprendes tu misión en la vida, que es ser la de ser la mejor versión de ti mismo. Este es el inicio para empezar a elevar tu nivel de consciencia.

Cuando haces cualquier actividad, es posible que exista una acción cerebral desenfocada en el tiempo y que no está relacionada con lo que estás haciendo en tu presente, esto por desatención propia. Por ejemplo, cuando ajustas los cordones de tus zapatos y a la vez estás pensando en cosas del pasado o del futuro o estás escuchando una canción que te lleva a recuerdos del pasado o piensas que tienes que desayunar rápido, o que pasaste una mala noche, etc., esos pensamientos hacen que te desenfoques y en este momento atas los cordones sin consciencia del acto, esto es vivir en modo "piloto automático" porque actúas sin tener control de lo que haces, en este caso resulta bastante probable que tus zapatos queden mal amarrados y los tengas que ajustar nuevamente, o en el peor de los casos te provoquen un resbalón o hasta un accidente, todo por estar desatento de lo que haces. Debes estar atento de todo, tanto de las cosas complicadas hasta de las cosas más sencillas, esto incluye la respiración.

A continuación, observarás las diferencias en el flujo respiratorio y su conexión emocional:

Emoción	Tipo de respiración
Tristeza	Lenta
Pánico	Breve y rápida
Ira	Largas y forzadas
Felicidad	Inhalaciones y exhalaciones largas y naturales
Ansiedad	Acelerada
Estrés	Entrecortada
Miedo	Inhibida y bloqueada
Calma	Lenta y sostenida
Cansancio	Forzada

¿Te has detenido a pensar cómo estás respirando? Revisa ahora mismo, solamente respira dos, tres, cuatro veces con consciencia de la emoción que te está rondando, comienza con calma, cuando empiezas a respirar con consciencia de forma constante te darás cuenta que de forma inmediata tu respiración se estabiliza, tu pulso cardiaco se normaliza, y en este momento vuelves a tener el control de ti mismo aquí y ahora. Hazlo muchas veces, cada vez que puedas, con el tiempo se convertirá en un hábito, es un proceso de tiempo, constancia y paciencia.

Aprender a manejar el ciclo respiratorio es el comienzo del proceso que te enseña cómo mover tu energía. El 95% de las enfermedades están relacionadas con la forma en que haces la respiración emocional. En Las tradiciones budistas se llama Lung[12], es nuestro viento circulante, entrando y saliendo, la velocidad normal de la respiración está calculada en 20 kilómetros/hora, cuando no regulas su velocidad, este viento se convierte en un ciclón cuando es muy rápido o, al contrario, si es muy despacio no es lo suficientemente fuerte como para aportarte la cantidad de oxigeno que necesitas.

12. La salud de nuestro cuerpo sutil es de importancia fundamental para la salud de nuestro cuerpo físico y la felicidad de nuestra mente. El cuerpo sutil se compone de tres cosas: canales (tsa), el viento-energía (lung) y la esencia (tigle) que fluyen por ellos.

https://tulkulobsang.org/es/teachings/tsa-lung. La escencia (tigle) se puede definir como la carga emocional, el resultado de tu gestión emocional.

Sin importar cómo te sientes, comienza haciendo un par de respiraciones profundas en cuatro tiempos así:

• Revisa tu postura y ponte derecho, toma aire por la nariz profundamente contando mentalmente y con tranquilidad: "uno", "dos", "tres"; ni muy rápido ni muy despacio, ni mucho ni muy poco, inhalando a tu ritmo, pero suficiente.

• Luego retiene el aire que inhalaste en tus pulmones y cuenta despacio "uno", "dos", "tres", de igual forma ni muy rápido ni muy despacio.

• En tercer lugar Suelta el aire con suavidad por la boca o nariz con el mismo ritmo, esto es, contando "uno", "dos", "tres".

• Y vuelves a sostener estando vacío contando de la misma forma de uno a tres.

Puedes ir incrementando el conteo de tres hasta cinco, siete u ocho. Hazlo a tu gusto, escucha a tu cuerpo, él mismo te dirá el tiempo óptimo, lo importante es que lo hagas placenteramente, a tu ritmo y tiempo propios, con consciencia y disfrutes de lo que estás haciendo.

Observa que la respiración adecuada se da en cuatro tiempos, esto es inhalar, retener, exhalar y contener, por esto aprende a darle los tiempos y espacios. Primero al inhalar verifica que sea una cantidad de aire suficiente, ni mucho ni poco; luego al retener el oxígeno permite que la inhalación que hiciste goce del tiempo adecuado para alimentar tu sistema respiratorio, de forma tal que el corazón comience a equilibrar su ritmo; en tercer lugar la exhalación debe ser pausada pero constante, para que pueda expulsar lo que no se necesita y finalmente dale tiempo al contener para que se pueda recuperar y preparar para una nueva inhalación. Acostúmbrate a hacerlo de forma permanente y continua, sin prisa, pero sin pausa, puedes estar consciente de tu respiración y hacer las actividades que estás haciendo. Observa lo sencillo que es. Respirar es parte de la vida diaria y lo único que tienes que aprender es a hacerlo conscientemente.

Cuando te llenas de oxígeno con consciencia
entra energía positiva a tu vida,
los respiros profundos son el comienzo
de vivir vidas profundas.

Hazlo varias veces conscientemente, cada uno de los pasos ha de durar alrededor de tres o cuatro segundos, trabájalo especialmente cuando lleguen situaciones de ira, ansiedad, estrés, cansancio físico y en general cuando sientas que tu ritmo respiratorio esté desbalanceado. Intenta siempre que puedas, intenta ahora mismo. Respira profundo y date cuenta de la velocidad con la que inhalas, con la que retienes y con la que exhalas; luego regula y controla, concéntrate respirando de manera lenta, profunda, suave y delicada.

Intenta esto. En un momento en que te sientas enfadado regula tu respiración, esta actuación generará que tu mente inconsciente se confunda y empiece a preguntarse ¿Desde cuando la gente respira profundamente cuando está enojada? ¿Qué está pasando? ¡se supone que si estoy enojado debo respirar largo y forzado! y cuando menos te des cuenta, el estado emocional ha sido controlado y desvanecido gracias al cambio voluntario de tu frecuencia respiratoria. En ese instante te encontrarás en tranquilidad, con equilibrio físico y emocional al tiempo y de forma consciente. Es el principio de tu recuperación física y energética basada en tu autocontrol.

La mente controla tu cuerpo
Pero la respiración controla tu mente.

Posteriormente, cuando tengas un momento de tiempo, puedes contemplar la siguiente práctica: busca un lugar donde estés cómodo, puedes estar de pie, sentado o acostado, inspira por vía nasal durante tres o cuatro segundos, manteniendo el aire en tu interior durante el mismo tiempo y expúlsalo suavemente, hazlo varias veces y mientras estés realizando está práctica coloca una mano en el estómago y la otra en el pecho, de esta forma es posible comprobar si se está llevando el aire correctamente a las zonas pretendidas, observa que la mano del pecho no debería moverse al inhalar, mientras que debería notarse el aire llenando el vientre, si no es así corrige de forma tal que el aire llegue a tu zona baja, a este proceso se le denomina respiración abdominal. La práctica de esta respiración provoca el control parasimpático y el descenso de la tasa cardíaca a tu favor. Se recomienda intentar generalizar y automatizar este tipo de respiración de forma consciente con el fin de mantener un cierto control sobre el arousal[13] o nivel de activación del cuerpo.

Poner atención a tu respiración y ejercitarse físicamente genera nuevas neuronas en el hipocampo[14] que controla los centros del miedo en los núcleos (amígdalas) cerebrales, con lo cual tu estabilidad emocional será mayor.

---

13.   Es un estado fisiológico del organismo en vigilia en respuesta a estímulos internos y externos. Conseguir un cierto nivel de activación es imprescindible para desempeñar cualquier tarea. Para cada tipo de tarea, se puede definir un grado óptimo de activación, en el cual el rendimiento es máximo. https://es.wikipedia.org/wiki/Arousal
14.   Es una de las principales estructuras del cerebro humano y otros mamíferos. Desempeña funciones importantes en la memoria a corto y largo plazo y manejo del espacio. https://es.wikipedia.org/wiki/hipocampo

<u>Alivianar las cargas</u>

Tu cuerpo, mente y espíritu deben ser amados, son la casa donde vives y por eso tienes que limpiarlos de toda la basura sacando lo que no te sirve. Hay que alivianar las cargas y expulsar los residuos de aquellas situaciones y cosas que no te dejan enfocar, tanto materiales como inmateriales, sólo así lograrás alzar el vuelo para obtener lo que quieres, para ello libérate de pesos innecesarios. Los hermanos Wright[15] gracias a la adecuada combinación de los materiales, peso y equilibrio de las fuerzas en su justa medida, junto con su confianza y dedicación, lograron volar el primer aeroplano del planeta tierra. De igual forma, si alivianas las cargas materiales, físicas, mentales y emocionales que no necesitas, permitirás liberar los obstáculos y miedos prefabricados por ti mismo que fueron generados en tu propio aprendizaje, para que puedas reconciliarte contigo, dando espacio para lograr la conexión de la percepción y la intuición. Dedícate a hacer tu trabajo individualmente, que el resto se irá acomodando progresivamente.

Muchas personas tienen como costumbre cultural tender a cuidar de los demás, tal vez para que ellos luego cuiden de los primeros y en ese actuar crean expectativas ilusorias, por las cuales luego terminan frustradas.

En algunas ocasiones tendemos a herirnos porque cuando las cosas no se cumplen de la manera que nuestro yo egoísta e individual las proyecta, generamos cargas innecesarias por desilusión. Esta es una de las mayores razones sobre las cuales se basa nuestro sufrimiento en la tierra.

---

15   Wilbur y Orville Wright, aviadores e ingenieros, pioneros de la aviación inventaron, crearon y volaron el primer aeroplano de forma exitosa el 17 de diciembre de 1903 en la ciudad de Kitty Hawk -Carolina del Norte. Wikipedia.

Es en este momento donde las emociones de ansiedad, impotencia, etc., acompañadas de los sentimientos de abandono o traición reales o imaginados derivan en angustia, y en muchos casos inducen a compensar ese desbalance energético comiendo algún tipo de alimento y lo haces porque estás en un nivel de vibración bajo ocasionado por el desamor, es en ese instante cuando tu cuerpo te pide que genere su propio amor en forma de calor, ya sea un pastel o una gaseosa, o los dos juntos, en todo caso el cuerpo genera una alarma para que lo atiendas y entiendas que eres amor, entonces confundes ese sentimiento de ansiedad con que necesitas comer y no es así, luego te indigestas porque realmente no necesitas alimento físico sino apoyo emocional y así comienzas involuntariamente un ciclo de enfermedad que no suelta el sentimiento de culpa y lo único que genera es dependencia y desbalance nutricional.

En otros casos se trata de suplir esa deficiencia comprando cosas que no necesitas, etc. Es un círculo vicioso, porque nunca te vas a satisfacer hasta que no soluciones tu problema emocional de raíz, hasta que sueltes esas cargas innecesarias.

Otra forma de carga es el planeamiento sobre resultados y no sobre proceso. Realiza tus actividades con disciplina y dedicación desapegándote del resultado final. Te puedes trazar objetivos, pero cuando no consigues el resultado programado, no quiere decir que seas una persona perdedora o incapaz. Quítate esa carga entendiendo que actuaste con honestidad y que estás en un proceso de aprendizaje permanente basado en tu amor propio y autodeterminación. Es el momento de empezar a actuar con concordancia, esto es salir un poco de la incredulidad y tener fe del cambio que se está dando en ti, así comienzas a tener actuaciones sinceramente responsables. Esto alivianará en gran parte tus cargas.

***Hacer cada día lo mejor que puedo
y aceptar con amor el resultado que la vida me da.***

<u>Cargas materiales, mentales y emocionales</u>

En este momento te hago la invitación a que revises todas las cosas materiales que tienes alrededor, tomate el tiempo para realizar un inventario, ese conteo físico de los elementos que conservas en tu casa, carro y oficina, luego determina con consciencia aquellas cosas que no necesitas en tu cotidiano vivir y que has acumulado por que representan algo, tal vez una actuación, un recuerdo, un regalo, etc., y con ella una emoción del pasado que debes soltar porque ya pasó. Puedes comenzar sacando todas tus prendas de vestir que no uses, revisa cuáles te colocas y si hay algunas que no usas porque quizás te gusten mucho, o estás esperando la ocasión para lucirla o por miedo a no tener que ponerte otro día, tal vez encontrarás muchas que nunca usas y que las conservas estancando así la energía de tus espacios.

Cuando conservas ropa y accesorios innecesarios haces un llamando inconsciente a la pobreza en lugar de la opulencia. Aunque tu mente consciente esté pensando en mejorar tu ropero, inconscientemente está surgiendo una energía en la que le estás mandando un mensaje al Universo así: "Lo que tengo es más que suficiente y no necesito más", entonces en primer lugar el universo hace el siguiente análisis: ¿No eres capaz de generar progreso, tienes miedo y por esta razón acumulas lo que no necesitas?, luego responde y actúa: ¡Perfecto¡, si dudas que el universo sea abundante y dudas de un futuro próspero, entonces por eso te preparas para la pobreza y entonces no necesitas más y como consecuencia se cierra el proceso de apertura y abundancia.

Energéticamente sucede igual. Cuando vives saturado de pensamientos no le das espacio a nuevas ideas, esa frecuencia vibratoria se asimila al ropero, en donde no caben nuevas prendas, razón por la cual no hay espacio para nuevos conceptos, creatividad, positivismo, o ideas que requieres para salir de tu aprieto. Te puede sonar extraño, pero es así, por esto regala o vende tus pertenencias en exceso y dale espacio físico para renovar y que lleguen nuevas cosas; de la misma forma comparte la comida de sobra que almacenas por miedo a la escasez con el que la necesitas y sobre todo hazlo con mucho amor, con la seguridad en tu pensamiento de que llegarán nuevas provisiones para ti y para seguir compartiendo. Igualmente, saca porcelanas, adornos, libros, etc. saca todo lo que no uses o que no cumple una función adecuada. Suelta y confía.

Confío en que el proceso de la vida cuidará de mí.
Un curso de milagros.

Retira el miedo de no tener o de perder cuando estás teniendo. Por ejemplo: puedes tener un espacio con un guardia celador o vigilante, cámaras de monitoreo, candados, cerraduras, seguro firmado contra robo, y aun así es posible que vivas temeroso de que te enajenen lo que guardas. Naciste sin pertenencias y te irás igual. Tal vez te acostumbraron a guardar en exceso, pero intrínsecamente puedes estar acumulando por miedo a sentirte vacío. Cuando te liberas de esas cargas comienzas a vivir en libertad porque dejas de depender de objetos, cosas y a veces de personas cargadas de energía densas (tóxicas).

Muchas personas compran sin control ropa, perfumes, celulares, etc., otros están afiliados a clubes y su vida se centra en eventos que no los llenan, esas pertenencias las tienen basadas en el miedo a no ser aceptados socialmente y lo hacen inconscientemente pensando que esto los convierten en exitosos porque gozan de status temporal y son reconocidos por sus tenencias. En estos momentos podemos contemplar la posibilidad de ser más prácticos en la forma de realizar los gastos, por ejemplo: Un reloj de usd $30 da la misma hora que uno de usd $300, una cartera de usd $200 carga lo mismo que una de usd $20, y en su lugar aliviará tu carga financiera al dejar de comprar elementos con costo superior.

La felicidad real no viene de las cosas materiales en el mundo, estas son necesarias, pero deben ser entendidas solamente como herramientas para experimentar y no como el fin de lo que viniste a hacer en esta vida, viniste a experimentar y ello no implica acumular cosas. Eres tú y es tu vida lo primero, el desliz está en poner en primer lugar las cosas materiales que terminan añadiendo cargas pesadas, como deudas, miedos y diferenciación.

De acuerdo a tu nivel económico puedes llegar a consumir las cosas que realmente necesitas para vivir bien, lo importante es que lo hagas con balance y a tu gusto, sin depender de las presiones del entorno, de tal forma que no terminen siendo cargas materiales en lugar de gustos personales. Revisa si estás comprando lo necesario sin endeudarte, así contribuyes a elevar tu frecuencia vibratoria, porque vives teniendo la satisfacción del deber cumplido a través de decisiones armónicamente adecuadas, liberándote de cargas emocionales, deudas financieras y elementos que no necesitas llevar.

Nacemos sin traer nada, morimos sin llevarnos nada. Pero en ese intervalo de tiempo peleamos por lo que no trajimos y por lo que no nos llevaremos.

Ajusta tu proceso de formación, algunas personas se convierten en acumuladores de cursos y títulos de forma excesiva, perdiendo su libertad y tranquilidad al final, quitándole tiempo para compartir con su familia y para sí mismos al estar inmerso en la recopilación de conocimientos. Todo con equilibrio: tiempo para ti, para tu familia y tiempo para estar feliz. Hay exceso de información, procura no saturarte porque dejas de pensar. Tanto a nivel material, como mental y espiritual, busca el balance, de tal forma no te lleve a la saturación o cansancio por el exceso de una actividad realizada. Si bien es cierto apoyo el proceso educativo, sin embargo, este no se debe convertir en una cadena que te esclavice.

Soltar

Aunque para nuestra mente pueda representar pérdida soltar no significa perder algo, al contrario, es liberar y mover espacio para que llegue a tu vida algo nuevo que te está esperando, justo lo que deseas y que por acumulación energética no puede entrar. Soltar lleva acompañado una sensación de liberación, es una actividad que debe convertirse en normal y necesaria, enfrenta y suelta. Soltar es aceptar, las cosas que no aceptamos nos hacen sufrir y nos amarra en el presente llevándonos a tener resultados desfavorables en el futuro, soltar es desprendernos de todas las cosas que ya no vibran a nuestro nivel, es entender que algunas personas que conocemos cumplen con un rol específico para luego irse, es entender que todas las situaciones llegan para darnos un aprendizaje de vida y luego depende de nosotros mismos si las superamos o no.

A medida que te familiarices con el dejar ir te liberarás de sentimientos negativos que están asociados con el miedo, intrínsecamente derivados del deseo de control, que generan desconfianza infundada, emociones dolorosas y relaciones poco armoniosas con falta de equilibrio. En el momento en que sueltas empiezan a cambiar las cosas porque hay consciencia y finaliza tu propio engaño.

Pregúntate:

- ✓ ¿Por qué estoy soportando esta situación que estoy viviendo actualmente?

✓   ¿Esto que estoy sufriendo, lo hago para llenar un vacío o una situación de apego?

✓   ¿Lo soporto porque me da miedo el abandono o me preocupa lo que vayan a pensar de mí?

En caso que tengas inconformidades derivadas de los cuestionamientos, es posible que hayan surgido como resultado de haber cultivado pensamientos y creencias limitantes que te amarran. La solución siempre está en ti, basta la decisión sincera de cambio. Pon la intención firme de soltar. Para ello puedes hacerlo con mente atenta y consciente, ordenando a tu subconsciente que borre esa información que ya no sirve; otra forma es verbalizándolo en voz alta. También lo puedes hacer escribiendo en un papel aquellas cosas que encontraste que debes soltar y luego las quemas o las botas. Lo importante es que no las conserves para que pueda fluir la energía del soltar.

El apego a lo material acumula en ti energía negativa de tristeza por aquellas cosas que no tienes, en cambio en el momento en que sueltes y saques el exceso, en ese momento liberas espacio para que llegue lo nuevo a tu existencia de acuerdo con lo que desees y así le das a la vida un mensaje preciso: "La autopista está despejada y ya estoy listo para recibir".

Cuando sueltas cargas tanto materiales como emocionales liberas espacio en el momento que le estás diciendo a la vida: "gracias, tengo lo suficiente para vivir y ya no necesito esto".

Cada vez que te aferras en una decisión de soltar y escuchas en tu corazón lo que tienes que hacer, pero lo guardas pensando en los demás, te estás negando a ti mismo, te congestionas con esa carga que no sueltas y que con el tiempo se verá manifestada en cargas desfavorables como somatización de enfermedades, desarraigo, desequilibrio financiero, etc. Cuando piensas y decides por otra persona dejas de fluir.

• ¿Cuántas decisiones tomas al día por ti mismo?

• ¿Cuántas de esas decisiones están condicionadas por lo que crees que políticamente es correcto, por dogmas espirituales o creencias sociales?

• ¿Cuántas decisiones de hacer o no hacer se dan por agradar a otros así no te agraden a ti o por no perder diferentes relaciones o para alcanzar un objetivo a través de esas relaciones?

Cuando te limitas en tus expresiones no permites que se abra tu corazón y se va llenando un pozo energético denso. Asume el riesgo de expresar, manifestando quién eres, sin ocultar o disfrazar tus emociones y tus deseos. Atrévete a ser tu propia identidad basada en tu amor propio, así construyes tu verdadero camino y sueltas esas cosas que no te identifican. Deja de complacer a los demás y empieza a construirte tú mismo, suelta lo que no sirve y edifica tu propio ser con bases firmes, honestas y responsables. No hay luz en un corazón limitado ni congestionado, exprésate, muéstrate e identifícate, busca tu verdad.

Separa el concepto de economía o ahorro con el de conformismo, la energía de la vida se basa en la abundancia y no en la escasez, por lo tanto, aceptación es diferente a conformismo. Ten presente que la vida está dispuesta a ofrecerte lo que tú le pidas, pero para ello busca tener equilibrio entre lo que dices, lo que piensas, lo que sientes y lo que haces, por esto debes soltar sin miedo, con la tranquilidad y la convicción que es una medida sensata para que lleguen cosas mejores. Así la pienses y la desees, difícilmente llegará la abundancia a tu vida si estás actuando con temor a soltar lo que tienes.

Si hoy estás preocupado de lo que tienes pensando que mañana te puede hacer falta, o estás preocupado de lo que no tienes porque no lo tienes, entonces, ¿cuándo vas a ser feliz?

Apártate por un momento y empieza a reflexionar sobre aquellas cosas que te pesan y comienza a soltarlas.

De la misma forma, cuando estableces metas derivadas del control tales como: "mi esposa debe ser así", "mis hijos deberían ser así", "el mundo debería ser así", "mi trabajo deberá ser aquél y no este"; "mis vecinos deben…", "mis jefes tienen que…", etc., estás pretendiendo controlar las cosas y las personas. Deja que cada persona funcione al ritmo de ella, soltando el intento de manipularlas.

Muchas veces nos inculcaron en la niñez conceptos tales como: "tienes que ser el más bonito", "tienes que ser el más juicioso", "tienes que…". Aprende la diferencia entre la conexión y el apego. La conexión te da energía mientras que el apego te la roba. El ego prefiere tener la razón que ser feliz. Acepta que puedes soltar y cambiar. Entra en el proceso de aceptar que puedes cambiar, porque todo está cambiando: la moda, alimentos, bebida, televisión, alimentos, ropa; entonces ¿qué te impide cambiar a ti?

Pon la mano en tu corazón, inhalando y exhalando varias veces, con calma, visualiza tu corazón, escucha su palpitar y relájate, luego visualiza tu alma alrededor de todo tu cuerpo dando conductividad, visualiza la misma energía en todas tus células liberando todo perjuicio, todo juicio. Respira y Suelta.

Muchos pensamientos se derivan de las situaciones que hemos vivido, las situaciones pasan, pero los pensamientos siguen. No eres el mismo de hace un minuto, porque ya pasó. Entiéndelo y avanza sin detenerte o estacionarte en el pasado, un segundo vivido ya es pasado, simplemente porque ya pasó.

A continuación, estableceré algunas recomendaciones que te pueden servir para liberar esas cargas emocionales.

<u>Aceptación</u>

Cuando éramos niños nos decían, "comete toda tu comida, limpia tu habitación, haz las tareas del colegio y te amaré", entonces nos hacíamos a la idea y cultivábamos la creencia de que éramos amados y aceptados bajo la condición de que hiciéramos ciertas cosas, de forma tal que cuando llegamos a ser adultos terminamos con la creencia de que nuestra familia y allegados nos aceptarán cuando tengamos unas conductas y sobre todo cuando ganemos el dinero suficiente para satisfacer los caprichos de ellos, más que los propios. La pregunta justa en este momento es: ¿y donde quedas tú?, ¿Acaso quedas supeditado a ser un cajero automático ambulante para ser aceptado por los tuyos y por la sociedad? Es una economía basada en el dinero y no en el ser, en la medida que puedas generar más dinero serás más querido y podrás obtener amor y mayor aceptación, esto no debería ser así. Respóndete a ti mismo con el corazón lo siguiente:

¿Soy un objeto netamente económico para los demás?

¿Soy un objeto económico para mí mismo?

¿Mi nivel de autoestima depende de la cantidad de dinero que logro generar?

¿Deseo pasar el resto de mi vida dependiendo del dinero para que me acepten?

¿Dependo de mi gestión financiera para quererme y ser aceptado por mí y por los demás?

¿Siento que me aceptan tal y como soy?

¿Qué cosas de mi reprocho y qué cosas creo que los demás me reprochan?

Aunque te suene extraño, la vida que estás viviendo es la vida que es- cogiste, en la que tu alma eligió de forma anticipada las condiciones iniciales que viniste a vivir en este mundo y fue así para que tuvieras las herramientas adecuadas para cumplir con tu misión de vida con un propósito específico, por esto escogiste los padres que tienes o que tuviste, para que te dieran el ADN necesario y el contexto apropiado (familia, condiciones económicas y ubicación geográfica) para que te desempeñaras conforme a tu plan de vida.

No se trata de un premio ni de un castigo, se trata del desafío de vida actual que tienes, por ello debes aceptarte y valorarte cómo eres. Elegiste tu familia y la época que estás viviendo, fueron determinados para que tengas una vida con propósito, que es el de aprender sanando, este tiempo coincide con otras almas que vienen contigo con las cuales tienes que sanar cosas.

Algunos retos que te propuso la vida en tu niñez se denominan heridas de la infancia y son situaciones que tienes que gestionarlas a partir de la adolescencia, juventud y hasta en tu vejez, comienza a resolverlas y soltarlas ahora mismo, porque en este momento las estás volviendo conscientes y entonces ya estás preparado para confrontarlas y sanarlas.

El resumen las cinco heridas de la infancia estudiadas por Lise Bour- beau[16], son:

Herida de la infancia	Máscara de protección	Miedo generado	Mayor temor	Sanación mediante
Abandono	Dependencia	Soledad	Afrontar una separación.	Amor propio
Rechazo	Huidizo	Desprecio. Rechazo	Desprecio de las personas por mis ideas, sentimientos y vivencias.	Confianza. Valorarme
Humillación	Masoquista	Hacer el ridículo.	Que los demás no me reconozcan.	Aceptarme tal como soy.
Traición	Controlador	Deslealtad mentira	Que no te cumplan lo prometido. No merecer.	Confío en mí. No me afecta si me fallan. Delego responsabilidades
Injusticia	Rígido	Inseguridad pesimismo	No confiar en los demás	Flexibilidad. Confianza

16   Lise Bourbeau nació en Quebec, en 1941. En 1982 fundó la escuela de crecimiento Escucha a tu cuerpo, que se ha convertido en una de las más importantes de Canadá y la más importante del mundo en lengua francesa. Su filosofía, basada en un continuo aprendizaje y en el amor incondicional, le ha hecho vender ya más de tres millones de ejemplares. https://www.casadellibro.com/libros-ebooks/lise-bourbeau/76169

Entiende que fueron necesarias para que experimentaras en esta vida lo que necesitabas aprender, ya sea mediante el perdón, aceptación, confianza, respeto o amor propio. Reconócelas, acéptalas, comienza a gestionarlas y agradece lo que te han dado, aunque hayan sido mediante la vía del maltrato, De esta forma sanas y dejas de sentirte una víctima o un victimario, entiende que los tuviste que vivir como parte de tu evo- lución y en este momento ya no son necesarios.

Acepta el plan de tu alma, el cual representa lo que vienes a vivir, comprende que hace parte de tu propia misión de vida, es lo que viniste a aprender y a enseñar, para ello empieza a conocerte, entenderte y valorarte. En todos los casos comienza por amarte a ti mismo y luego acepta y gestiona todo lo que te llega en esta vida, sea que te guste o que no, esto es acéptalo, gestiónalo y sácalo. Cuando aceptas aquellas circunstancias que no puedes cambiar recuperas tu poder, porque sabes que no dependen de ti y no te desgastas.

Mi felicidad depende de una sola persona.
Esa persona soy Yo.

Todo lo que tienes es efecto de algo, sean heridas de la infancia o algún otro tipo de trauma o bloqueo emocional, lo importante es entender que las cosas pasan por algún motivo, que todas las experiencias que vives en este mundo son para aprender algo, ya sea el perdón, el amor al prójimo o el amor propio, etc. que independientemente de lo que ocurrió, la forma como sucedió y las personas que intervinieron en este episodio es tarea trascenderlas para volver a tu estado natural: el amor y la felicidad. Cuando perdura tu sufrimiento por cosas pasadas, ellas continuarán afectando tus procesos en forma de impactos y desequilibrios físicos llegando a la somatización[17] de afecciones mentales, en forma de bloqueos o traumas emocionales y espirituales que impedirán tus procesos de evolución.

En este momento es importante entender la diferencia entre la aceptación y la resignación. La aceptación significa reconciliarse con la realidad, es asumir esa realidad actual, aunque no me guste y dejar de resistirme, dejar de luchar con ella y comenzar a trabajar en ella. Por ejemplo, cuando a una persona le diagnostican una enfermedad grave, la aceptación no quiere decir que le guste, sino que asume que ésa es la realidad presente y que a partir de ella debe comenzar a trabajar en su tratamiento. Cuando aceptas aflojas esa tensión de la rebeldía contra la realidad que con el tiempo produce cambios muy negativos en el funcionamiento del cuerpo y el cerebro.

De otra parte, la resignación es una actitud pasiva-agresiva, es decir, que yo no me pongo a dar gritos ni empiezo a hacer escándalo, al contrario, pero hay una resistencia silente y profunda, un rechazo oculto a esa realidad que me agrede y agrava el problema sin encontrar una salida.

---

17. Desde el punto de vista psicológico la somatización se entiende como un mecanismo de defensa inconsciente mediante el cual una persona sin proponérselo, convierte el malestar emocional en un síntoma físico, desviando así la atención del conflicto psico-lógico que le genera ansiedad. http://www.scielo.org.co/pdf/med/v17n1/v17n1a09.pdf

Cuando esa actitud pasiva- agresiva es mantenida en el tiempo, ese estado de ánimo permanente produce la elevación de la hormona cortisol[18] que es muy negativa en el funcionamiento del sistema de defensa inmunitario, del metabolismo óseo y del funcionamiento del tubo digestivo. La diferencia está en que la aceptación me permite tomar acciones una vez que he asumido que esa es mi nueva realidad y generar cambio en lugar de generarme daño por inactividad.

Hoy, aquí y ahora, con el uso de tu libre albedrío puedes gestionar en busca de tu propia sanación, tienes el poder de curarte y sanarte a ti mismo(a), revisa lo que te ocurrió hasta donde sea posible y que te llevó a esta realidad en su momento, observando la fecha y las condiciones en que te sucedió esa situación desafiante, así como la persona o personas que te llevaron a esa realidad; considera cuál fue el papel de esa persona ahí para dañarte; independientemente que haya sido un familiar, un amigo, un delincuente o enfermo mental, debes prepararte para perdonar y olvidar cancelando toda brecha kármica y energética innecesaria[19]. Mientras sigas recordando el día biográfico y solamente sigas quejándote de lo sucedido no vas a poder elegir por ti mismo(a) tu propia vida. La apertura de tu corazón en función del perdón, la aceptación y el amor como tu propia decisión es lo que te va a liberar.

---

18.   El cortisol es una hormona que tiene un efecto en prácticamente todos los órganos y tejidos del cuerpo. Desempeña un papel importante ayudando a responder al estrés Y Combatir las infecciones. https://medlineplus.gov/spanish/pruebas-de-laboratorio/prueba-de-cortisol/

19.   En este ejercicio te puedo apoyar mediante sesiones basadas en la aplicación del Método Integra de transformación personal y Life Coaching. Escríbeme a jmptcoaching@gmail.com.

Puedes estar confuso(a) porque tuviste un episodio de maltrato o abuso en algún momento, pero hoy que tienes este libro en tus manos es la señal de que es el momento de aceptar y sanar. Cuando avanzas y te dices "yo quiero tener una vida plena" concedes el permiso para cruzar esa experiencia que pasó en ese momento y así lograr superarla. Sin importar tu edad, hoy cuando afirmas tu intención estás reconociéndote a ti mismo(a) y estás siendo reconocido(a), en cambio cuando quieres ser vista(o) y quieres justicia, lo único que haces es abrir una vez y otra vez la llaga, porque en la sed de justicia hay guerra de poder y en la guerra de poder no hay amor.

De otra parte, comienza a trabajar en tener consciencia y aceptación de tu condición, enfócate en ti mismo(a), esto no es señal de conformismo, tampoco de debilidad es el punto de partida para generar un cambio verdaderamente positivo. Mediante tu autoaceptación reconoces que eres un fragmento de vida, entiende que hay cosas que puedes controlar y otras que no, esto te liberará de muchas cargas innecesarias.

Aceptándote y amándote cómo eres, viviendo este momento tal y como es, renunciando a la obligación de complacer a los demás, entendiendo que tu verdadero éxito está en aprender y soltar. Puedes hacerlo mediante dos vías: la del dolor y sufrimiento que es la que general y caprichosamente escogemos, o la del amor y la aceptación. Todo depende de ti, eres tú quien sufre o goza y eres tú quien al final recibirás la responsabilidad por tus actos, depende de ti y no de los demás.

Cuando no te aceptas se incrementará tu dolor personal convirtiéndose en sufrimiento. Acepta que el dolor y la alegría son propios de la vida, "El dolor es inevitable, el sufrimiento es opcional[20]". No viniste únicamente a sufrir, tampoco pretendas que toda tu vida va a ser lo que tu ego te estampe en forma de momentos agradables.

El primer paso para ser libre
es darte cuenta de lo que te encadena.
Alejandro Jodorowsky

Cuando sucede algo que nos gusta lo llamamos alegría y lo entendemos como cosas buenas, cuando es algo que no nos gusta lo llamamos dolor y los interpretamos como malas. No te suceden cosas buenas o cosas malas, simplemente son cosas necesarias y en algún momento te causarán placer o dolor, son situaciones que no puedes evitar, tales como la muerte de tus seres queridos y amigos, circunstancias que vives y no dependen de ti, sino que se tienen que dar.

Como seres humanos sensoriales sentimos ese dolor, lo importante es aceptarlo, entenderlo y continuar. Cuando no gestionas ese dolor,

Permanece la vibración en tu cuerpo y su continuidad es lo que te hace sufrir. Perdonando y aceptando sanas tu cuerpo, tu mente y tu alma abandonando el camino del sufrimiento.

---

[20] Budda.

Perdono y me perdono, acepto, comprendo mis necesidades y me permito resolverlas, acepto y me siento a gusto con mis capacidades y habilidades. La aceptación genera amor propio, ámate a ti mismo(a) primero, esto te dará fe, confianza, salud y tranquilidad para salir al mundo exterior.

Lo que es de Dios déjaselo a Él porque no depende de ti, lo que es de la suerte déjaselo a la suerte, porque tampoco depende de ti, lo que es del destino déjaselo al destino, porque no depende de ti. Todo llegará en el tiempo y en la forma perfecta.

Sadhgurú

Deja de renegar de las horas amargas, escondiéndote, buscando culpables o venganzas. Comprende que es la ley de la evolución que se está cumpliendo, de esta forma podrás continuar tu camino en la dirección correcta, con la conciencia limpia, ajeno(a) de sufrimiento y desesperación. A veces tendemos a criticar a los demás porque no manejan sus vidas en la velocidad y a la potencia que a ti te parece. Recuerda que cada persona tiene su propio ritmo, respeta el nivel de los demás y preocúpate por el tuyo propio. El primer paso es que no seas un estorbo para la humanidad en la autopista vibracional. Si vives varado y criticando a los demás porque van más rápido o más despacio o no andan, estás juzgando, es entonces cuando el mundo recibe este comunicado y te lo termina devolviendo en tu contra. Comienza por ti mismo, "levántate como un lázaro de la tumba fétida de tus pasiones y debilidades[21]".

---

[21] La voz en el desierto – Viveka Nanda.

Pon a andar tu coche de vida, cuando lo logres te darás cuenta que el trancón eras tú.

El punto de inicio en este tema es que tu decisión sea la de ser feliz aquí y ahora, aceptando y agradeciendo lo que tienes en lugar de quejarte por lo que no tienes sin importar lo que pasó o lo que irá a suceder, cuando decides y aceptas comenzarás a ser feliz, de esta forma tu frecuencia vibratoria se elevará inmediatamente iniciando la corrección energética adecuada, mejorando la forma como te comunicas con el mundo.

Dedícate a sentirte bien contigo mismo,
es con quien pasarás el resto de tu vida.

Responsabilidad

Muchas veces no somos realmente conscientes de la poca responsabilidad que asumimos en la vida, nos limitamos a vivir gobernados por un sistema, por creencias que nos han introducido con el tiempo y por las directrices de la tradición familiar entre otras y vivimos adjudicando esa responsabilidad afuera, en el otro, en el gobierno, en una relación, en el trabajo, en el tiempo, en lo que acontece en este momento. La madurez del ser humano implica darse cuenta de que es el propio individuo el único que puede elegir y asumir las riendas de su propia vida. Esto no quiere decir que las cosas se den necesariamente como creas que tienen que darse, hay una sabiduría mayor que mueve todo lo que sucede y que está guiando a tu alma en todo lo que tiene que vivir, sin embargo puedes ser autoridad de tu propia vida, de cómo afrontas lo que sucede y cómo vas a enfrentar cada uno de tus días, que tu vida valga la pena por lo que tú haces y no por un automatismo inducido.

Somos gestores de nuestra propia vida y nuestra conducta debe ser una función de las decisiones propias. Parte por ser responsable de tus propios actos y se consecuente con los mismos. Eres responsable tanto de lo que haces como de lo que no haces. Sólo tú eres responsable de tu espacio interior ahora y el pasado no puede prevalecer contra el poder del ahora[22].

---

[22]. El poder del aquí y del ahora–Eckhart Tolle.

La gente no te hace cosas.
La gente hace cosas.
Depende de ti cómo las recibas, intérpretes
y las gestiones.

Otra posible postura es asumir responsabilidades de otras personas interpretando que ese es nuestro propósito de vida, generando cargas y pesos que no corresponden, siendo incapaces de gestionar nuestras propias vidas y nuestras propias responsabilidades, prueba de esto es el miedo a estar solos y por ello a soltar cargas. Renuncia a gestionar la vida de los demás, puedes acompañarlo y apoyarlo en un momento determinado, pero libérate de toda dependencia.

Las excusas limitan tu crecimiento, acepta el 100% de la responsabilidad de tus acciones y decisiones, ni las circunstancias ni las personas que te rodean son los responsables de tus logros o tus fracasos, ellos pueden ayudarte o dificultarte el camino, pero el resultado es tuyo, eres el arquitecto de tu propio porvenir. Es importante conectar la responsabilidad con la coherencia, cuando hay equilibrio entre lo que piensas, lo que dices y lo que haces, en ese instante eres responsable contigo mismo y con el universo, porque tus actos son transparentes y sobre todo conscientes.

La coyuntura del año 2020 abre una inmensa puerta a la reflexión, una invitación a una transformación, son energías que piden un cambio a gritos, es un llamado para que cada uno de nosotros asumamos nuestras propias responsabilidades sin pretender encontrar las soluciones afuera. La crítica sin acciones no genera ninguna solución, la transformación comienza contigo, conmigo, con todos a nivel individual haciendo un resultado en conjunto. Es un llamado a que comiences por ti, el mundo no cambia por sí solo.

Cuando asumes tus propias responsabilidades mejoras tu vida como individuo y comienzas a cambiar el futuro del planeta y el de las nuevas generaciones, dentro de este camino evita permitir que te usen, ama, pero no dejes que abusen de ti, confía, pero sin exceso de inocencia, escucha, pero jamás pierdas tu propia voz.

Evadir las situaciones por miedo al daño no es la solución cuando los sentimientos son ocultados o disimulados en una realidad superficial como una medida para protegerse del dolor. Algunas personas se ubican en el escenario de: "cuanto menos sienta, menos sufro", sin embargo, como seres humanos venimos a experimentar mediante los sentidos y las emociones, cuando ocultamos, negamos o disfrazamos los sentimientos estamos perdiendo el tiempo ya que nos estancamos. Es preferible ajustar el concepto a "cuanto más siento, más gozo", de manera que procese cada emoción y la transforme en alegría.

Tu herida probablemente no es tu culpa, pero tu curación sí es tu responsabilidad.

Salir y arriesgarse no son sinónimos de irresponsabilidad, vinimos a experimentar cosas, las cuales si nos agradan las calificamos como buenas y en caso contrario las llamamos malas, que de por sí no son ni buenas ni malas, simplemente son situaciones que tenemos que experimentar en el aquí y el ahora en un tiempo y un espacio determinados, ya sea por el cumplimiento del plan de vida o en otras ocasiones que realicemos de nuestra vida derivadas por la gestión adecuada o no de nuestro libre albedrío. Es más probable que tres relaciones fallidas en tres años te obliguen a despertar, que estar tres años aislado en tu habitación por evitar riesgos.

Aunque algunas cosas no te gusten, ellas te aportan para que crezcas, a eso vinimos todos: a crecer y expandirnos, a ser la máxima expresión de nosotros mismos, por esto nos equivocamos cuando dejamos la responsabilidad de nuestras decisiones en manos de otras personas llamados líderes, buscando líderes religiosos para que nos muestren el camino espiritual, líderes políticos para que nos muestren el camino de las relaciones, incluso se buscan otro tipo de personas tales como deportistas exitosos, empresarios, y hasta un esposo(a) para que gobierne en el campo familiar, un papá, un amante, un hermano, etc.

En todos los casos tienes el derecho de vivir las cosas que lleguen a tu vida, para ello tienes tu cuerpo físico que las soporte, simplemente experiméntalas, te pueden asesorar, sin embargo, ninguna persona es responsable de tu proceso de vida ni te debe coaccionar para vivir de una u otra forma.

La verdad está en tu interior, búscala dentro de ti.

Budda

Es en este punto en el que los padres deben ser conscientes que su responsabilidad se limita al cuidado de los hijos en su fase de aprendizaje. Aunque consideren que no es la decisión apropiada deben ser respetadas las decisiones finales de éstos últimos, hay que apartarse de lo que el padre quisiera que fuera su hijo. En muchas oportunidades los padres pretendiendo proteger a sus hijos los limitan a una línea de comportamiento o vivencias que al final resultan nocivas para las dos partes, ya que los menores cuando crezcan culparán a sus gestores por la interferencia y de igual forma los padres se culparán si los resultados conseguidos no son los que ellos pretendían para sus hijos.

Asume tu propia responsabilidad y permite que los otros tomen sus propias responsabilidades, por ejemplo: ¿hasta dónde va tu responsabilidad con tus hijos? Si piensas que la responsabilidad con tus hijos va desde alimentarlos, vestirlos, darle la educación primaria, secundaria, universidad, costearle la boda y cuidar de los nietos, esto derivará en reproches por parte de ellos, ya que no estás permitiendo que construyan su propio camino, que tomen sus propios riesgos y acepten sus propias responsabilidades.

De otra parte, muchas veces resulta muy fácil decir que la culpa de todo es de nuestros padres o de los demás, pero al hacer esto nos quedamos atascados y perdemos el poder para afrontar la vida. Necesitas asumir la responsabilidad de tu vida, eres tan responsable de lo que haces como de lo que dices y lo que piensas. Toma la decisión de estar sano y vivir feliz, de lo contrario jamás lo lograrás, deja las excusas, todo lo que pasa es responsabilidad tuya derivada del efecto de la utilización de tu libre albedrío y no de la acción de los demás.

Un gran poder genera una gran responsabilidad y una gran responsabilidad genera un gran poder.

Lloramos por el maltrato, pero no somos conscientes del apego al maltrato, lloramos por el abandono, pero nos hemos abandonado por intentar gustarle a los otros. Olvidarme de mí para que otro crezca en un mal llamado sacrificio de amor está en contravía con la libertad y la responsabilidad individual de cada persona.

<u>Actitud y autoestima</u>

¿Qué sucede cuando vemos las situaciones de la vida como un problema cuando en realidad es una oportunidad para aprender? Cuando tenemos una situación que pensamos que es demasiado grande para superar lo denominamos problema, la misma palabra le añade pesadez. Las palabras tienen su sentido y su vibración. Según las palabras que utilicemos nos envolvemos de una vibración liviana o pesada. Las circunstancias que debemos resolver cuando estamos rodeados de ambientes de vibración densos generan bloqueos, porque al disminuir la frecuencia vibracional se dificulta pensar asertivamente. Busca tener conversaciones amables de forma permanente hacia a fuera y hacia dentro. La actitud parte de la autoestima que tengas que se debe convertir en un proyecto de vida, para cultivarla comienza a quererte a ti mismo tal cual como eres, (si consideras que ya te quieres, entonces quiérete mucho más), te aconsejo que despiertes y fomentes el sentido del humor, aprende a reírte de ti mismo cuando te equivocas, cuando estés confundido, porque el sentido del humor (cuando no es dirigido a ridiculizar) es uno de los elementos más poderosos para despertar tu autoestima.

Otro elemento importante para la autoestima es la perseverancia, hasta para aprender a querernos tenemos que ser perseverantes y esto se comprueba en un montón de éxitos de personas que lo han alcanzado como por ejemplo Walter Disney al cual nadie le creía, nadie le daba un trabajo, así mismo los Beatles y el grupo Queen que tuvieron que hacer muchas audiciones porque nadie les concedía la oportunidad de hacer un disco, incluso la autora de la serie Harry Potter se encontró con varias editoriales que le dieron un "no" rotundo.

La perseverancia es uno de los elementos que refuerzan la actitud, la autoestima se logra cuando sigues luchando, cuando crees en tu sueño y luchas por él, esta actitud es la que te ayuda a construir autoestima. En el fondo aprender a quererte a ti mismo es un camino y un romance que dura toda la vida.

Algunas personas buscan sentir empatía con otros poniéndose en el papel de víctima para llamar su atención, para que los busquen o llamen, los cuiden o aconsejen y eso solamente termina ocasionando relaciones y sentimientos de lástima por parte de los demás hacia ellos porque además de aplazar la situación a resolver están añadiendo una situación de dificultad en las relaciones.

Pregúntate si a ti como individuo lo siguiente:

• ¿Te gusta relacionarte con personas conflictivas, problemáticas, quejambrosas, o por el contrario prefieres relacionarte con personas alegres?

El cambio depende de ti, si tú confías en tu médico generas cambio, pero eres tú y no tu médico el gestor, entonces ¿Por qué no empiezas a confiar en ti? El único que genera el cambio eres tú. Puedes dejar de fumar, mejorar tu alimentación o dormir mejor solamente si tú te lo propones, si tú fijas tu intención en el cambio. De nada sirven protocolos, consejos, programas o asesorías de cualquier tipo si tú no tienes la intención de mejorar. Esa es la base de las adicciones, tu falta de autocontrol.

Más vale un gramo de acción que una tonelada de teoría.
Ralph Waldo Emerson

La clave del éxito es mantener la actitud positiva en todo momento, conservando esta frecuencia inevitablemente vas a terminar generando cosas agradables. Enfoca tu atención en las cosas buenas que hay en ti, el secreto está en lo que opines de ti mismo(a), en lo que te dices a ti, sin permitir que te afecte lo que digan los demás. Aprende a cambiar, a manejar tu enfoque, en todo caso siempre en positivo. Tu actitud y autoestima deben ser constantes, muchas personas sobrellevan su vida normalmente, pero cuando tienen una circunstancia adversa no se logran recuperar debido a su debilidad de raíz para sobrellevarla, esto es, con un pequeño soplo se derrumban.

Lo realmente importante no es lo que nos pasa,
sino la forma como lo gestionamos.

Claridad

Ten claridad de lo que quieres, piensa en los detalles, horarios, salarios, actividad, sitio, personas que involucran lo que estás proyectando. Tomate el tiempo necesario para analizar realmente qué es lo que estás pidiendo y por qué lo quieres. Evalúa despacio, con tranquilidad e independencia si se trata de un capricho momentáneo o realmente es algo con fundamento o necesario.

Hay que ser claro en lo que vas a definir. En muchas oportunidades la mente tiende a llevarte a que quieras otra cosa cuando tienes hoy una cosa particular, por ejemplo, si tienes el cabello negro quisieras el rubio, cuando piensas que el jardín del vecino es más verde que el tuyo. Define con claridad y seguridad lo que quieras. Ten claridad en lo que buscas para enfocar la energía, por ejemplo, cuando quieres comprar un auto y te detienes en un modelo específico, en ese momento se activa en ti el filtro de interés y comienzas a ver en la calle el tipo de vehículo del cual fijaste tu atención, de la misma forma una persona pesimista sólo ve cosas malas, ya que tiene puesto su radar en las coordenadas de la derrota.

Evita de sobremanera cometer el error de tomar decisiones permanentes por culpa de emociones temporales, la mente consciente determina las acciones mientras que la mente subconsciente determina las reacciones, cuando estás enfadado, angustiado y también estando demasiado feliz pierdes claridad consciente para tomar la mejor decisión.

Modifica tu realidad de acuerdo con tus objetivos, cuando cambias el filtro cambia tu realidad conscientemente y empiezas a ver oportunidades donde antes no estaban. Por ejemplo, cuando quieres conseguir una pareja y temes perder tu independencia, no estás en claridad y esto bloquea, limita y demora la respuesta.

En este punto surgen los siguientes cuestionamientos:

• ¿Eres consciente de lo que piensas o estás en modo "piloto automático"?
• ¿Tus pensamientos están concentrados en reveses del pasado?
• ¿En qué grado estás conduciendo tus pensamientos: en el camino del triunfo o en un proyecto importante?
• ¿Tus pensamientos se enfocan en argumentos basados en estados de alegría y felicidad?

Los pensamientos no vienen solos, sino que surgen de una cadena de circunstancias tales como los estímulos sensoriales y el raciocinio. Procura ser un activo administrador del torrente de pensamientos que se te ocurren cada día. Cuando pases del pensamiento a tomar una decisión hazlo con pasión para que lo logres en mayor grado, en la claridad de las metas está la claridad de tus decisiones, porque una decisión clara y consciente te apoyará para que actúes en concordancia con tus dones y puedas desarrollar talentos, convirtiendo cualquier actividad en algo favorable.

Utiliza el viento que sopla para inflar las velas de tus pensamientos hacia la dirección que has elegido.

Ricardo Eiritz

CAPÍTULO II

La salud

La salud es un estado natural del ser humano, los animales y las plantas. La enfermedad equivale a desarmonías de muchos tipos que son manifestadas en el cuerpo, que en algunos casos son inadvertidas y no afectan nuestro diario vivir, pero que con el tiempo se pueden convertir en dolencias y lesiones que terminan siendo canalizadas en el cuerpo físico. Son muchas las causas directas e indirectas que ocasionan estos desbalances energéticos, algunas voluntarias y otras no, dentro de las clases de enfermedades que son recibidas por el cuerpo físico afectándonos están las relacionadas con la interacción de sustancias y energías propias de los elementos densos[23] y sutiles[24]:

Según Louise Hay "tener buena salud es tener buen apetito, dormir y despertarse con facilidad, tener buena memoria, sentirse de buen humor, actuar con precisión, sin torpezas, no sentir cansancio y estar activo todo el tiempo"[25]. A la mayoría de las personas no les interesa el significado de la salud sino la forma como se curan las enfermedades, esto los ubica en el papel de víctimas sin entender que son los creadores de sus propias falencias.

---

23. Sustancias fácilmente observables y medibles por su composición de masa y peso. Se ampliará el concepto en el capítulo IV de este libro.

24. Elementos poco perceptibles por la ciencia y tecnología actuales, pero que no se puede desconocer su existencia. Se ampliará el concepto en el capítulo IV de este libro.

25. Escritora y oradora estadounidense, considerada una de las figuras más representativas del movimiento "Nuevo pensamiento" y una precursora de los libros de autoayuda. 1926-2017. https://es.wikipedia.org/wiki/Louise_Hay

Cuentas con un solo cuerpo físico que debes cuidar ya que es irreemplazable. Tu organismo es el resultado de lo que has trabajado en él, de donde es pertinente que controles y proceses adecuadamente todo lo que vives, después de todo, tu cuerpo es el resultado de todo lo que hagas y pongas en él, gran parte de esto incide en la capacidad para defenderte de infecciones (sistema inmunitario). La enfermedad te avisa sobre aquellas cosas en las que te estás equivocando en tu camino, por tanto, no es buena ni mala, es necesaria para observar y corregir el desafío. Lo que tenemos en nuestro cuerpo lo hemos ganado ya sea con disciplina o con desorden alimenticio y/o emocional.

El primer paso de la curación consiste en descubrir las causas de la enfermedad y luego comprender cuál es el sentido de ella, todas las enfermedades son alertas encaminadas a que solucionemos algo que no está siendo bien manejado, esto es la raíz de los problemas: Alimentación desbalanceada, lesiones físicas por posturas, golpes o accidentes; problemas mentales, emocionales, de creencias o altos niveles de estrés entre otros.

A continuación, mencionaré las causas más comunes que afectan a la salud:

• *Alimentación física desbalanceada*
En muchos casos corresponde a desórdenes alimenticios por exceso o defecto de las cantidades consumidas, también por intoxicaciones derivadas de la ingesta de alimentos descompuestos, en otros casos por excesos en consumo de licores o drogas legales e ilegales. También la salud es afectada

por procesos de somatización[26] de emociones como consecuencia de la forma como te alimentas, esto es la carga emocional que mancha la energía de tu alimentación en el momento en que comes.

Si estás enfadado, preocupado o afectado por la información que recibes cuando comes contaminas la energía de los alimentos, por ejemplo, cuando ves noticieros al desayunar, almorzar o en la cena, y/o al estar rodeado de comentarios trágicos, dolorosos o desagradables que hacen las personas alrededor de la mesa o sitio donde estás consumiendo la alimentación.

- *Contaminación por agentes patógenos*

Introducción de sustancias u otros elementos tóxicos por microorganismos recibidos al respirar, o por contacto con ciertos elementos o materiales derivados de agentes infecciosos, tales como microorganismos en forma de virus, bacterias y hongos, entre otros.

- *Interferencias emocionales*

Bloqueos emocionales, traumas emocionales y acuerdos kármicos. Emociones que traemos atrapadas en nuestro ser desde el periodo de gestación de nuestros padres o incluso información de vidas pasadas; cargas emocionales de soledad, tristeza, miedo, etc., transferidas y retenidas desde la infancia por el bebé, quedando atrapadas en el subconsciente y que deben ser gestionadas en debida forma.

---

26.   Desde el punto de vista psicológico la somatización se entiende como un mecanismo de defensa inconsciente mediante el cual una persona sin proponérselo, convierte el malestar emocional en un síntoma físico, desviando así la atención del conflicto psico-lógico que le genera ansiedad. http://www.scielo.org.co/pdf/med/v17n1/v17n1a09

- *Interferencias geopáticas.*

Exposición a campos o corrientes electromagnéticas geobiológicas[27] derivados del magnetismo de la tierra.

- *Desequilibrios bioenergéticos.*

Afectaciones en el aura, chackras y desequilibrios en los meridianos de acupuntura entre otros.

- *Interferencias sistémicas.*

Situaciones derivadas de los planes o intenciones que tus ancestros querían para ti y afectan durante el embarazo de los padres o incluso antes, se denomina proyecto sentido, es lo que tus padres esperaban de ti de forma consciente o inconsciente y su correspondiente afectación, esto es, si deseaban tener una niña y naciste niño o viceversa, si se esperaba que el nacimiento uniera el matrimonio evitando una separación y sucedió el efecto contrario, también por el peso o responsabilidad derivada del rol que vas a tener que ocupar en el clan, así como anhelos, proyectos, deseos y temores dentro del grupo familiar.

- *Sesgos transgeneracionales.*

Son cuestiones y asuntos transgeneracionales. Por ejemplo, si estás ocupando el lugar que no te corresponde dentro de tu familia; si estás queriendo ser el papá dentro de tus hermanos, o si eres el hermano mayor pero esa carga no va contigo, también ocupar el rol de la pareja simbólica de alguno de tus padres por querer protegerlo. Todo lo que no ha sido resuelto, reparado, revelado dentro de tu árbol genealógico también te puede afectar.

---

27. La superficie del planeta está cubierta por una jaula de paredes electromagnéticas ortogonales entre sí que principalmente son de dos tipos: las líneas de Hartman y las de Curry, ambos tipos de líneas se entrecruzan entre sí dividiendo la tierra en parcelas. En las zonas donde las diferentes paredes se cruzan, se forman nudos o "cruces", y ahí el campo electromagnético es especialmente nocivo y puede afectar a la salud. https:// www.eldiario.es/consumoclaro/por_derecho/geopatias-podemos-enfermar-corrien- tes-teluricas_1_2002863.html

• *Cuestiones psicológicas.*
Creencias enterradas en tu subconsciente, placeres que no has alcanzado, dolores de los que no has escapado, programación neurolingüística inadecuada, odio a familiares u otras personas.

• *Interferencia psíquica o astral.*
Causada por la absorción de energías negativas externas producto de energía enviada con la intención de dañar a la persona, influir en ella o conseguir algo.

•   *Exposición a ondas electromagnéticas.*
Exposición excesiva a frecuencias electromagnéticas nocivas tales como redes eléctricas, radioactividad, ondas de wi-fi, etc.

Todas estas situaciones relacionadas, ya sean causadas por energías densas o sutiles, siempre verán converger su impacto en el cuerpo físico, por esto la enfermedad se debe tratar con visión holística[28], entendiendo que la sanación parte de uno mismo.

El cuerpo físico se puede comparar con el dispositivo de un vehículo o una máquina, es ese testigo que informa cuando una parte del engranaje está funcionando mal. La medicina tradicional en muchas oportunidades se enfoca en tratar el síntoma y no la causa, suministrando a los pacientes sedantes, calmantes, acelerantes o retardantes dejando de observar que la enfermedad es la consecuencia de algo y no la causa.

---

28 .   Se debe analizar la situación de forma general, contemplando la globalidad de todos sus componentes y no de forma separada, contemplando todas las interacciones que la generan ya que cada una causa un impacto determinado.

Cuando la medicina tradicional te receta estás invadiendo tu cuerpo con químicos, los cuales en la mayoría de los casos lo que hacen es anular ese testigo que te avisa de un problema, pero no están solucionando el problema de raíz y en muchos casos estos agentes al tratar un aspecto terminan lesionando otras partes del cuerpo (efectos secundarios), además de generar algunas veces dependencia al consumo de fármacos. Sin embargo, cuando el cuerpo sufre por una acción externa, ya sea por un golpe, un accidente o un agente bacteriano externo, en estos casos es pertinente e indiscutible utilizar los medicamentos convencionales apropiados para dar solución a la lesión causada.

En caso de que la enfermedad sea de carácter bacteriano los antibióticos suministrados por el médico solucionan el tema, sin embargo las afecciones restantes producidas por intoxicación derivada de ingestión de alimentos descompuestos o con sustancias químicas agresivas para el organismo como endulcorantes[29], conservantes, aditivos, etc., por radiaciones como ondas de internet y quimioterapias entre otras (y la mayoría acompañadas de una gestión emocional inadecuada), pueden ser tratados y sanados por ti mismo.

Los mejores médicos del mundo son el doctor dieta,
el doctor reposo y el doctor alegría.

Jonathan Swift

---

29. Sustancia química que se añade a un alimento o medicamento para darle sabor

Cuando estás muy sobrecargado de dolor se dificulta la fluidez de la energía. Louise Hay en sus obras refiere relaciones entre las enfermedades y sus causas, tales como: "El resfrío chorrea cuando el cuerpo no llora, el estómago arde cuando las furias no consiguen salir, la diabetes irrumpe cuando la soledad duele, el cuerpo engorda cuando la insatisfacción aprieta, el dolor de cabeza abate cuando las dudas aumentan, la alergia aparece cuando el perfeccionismo es intolerable, la uñas se quiebran cuando las defensas están amenazadas, el pecho aprieta cuando el orgullo esclaviza, la presión sube cuando el miedo aprisiona, las neurosis paralizan cuando el niño interior tiraniza, las rodillas duelen cuando tu orgullo no se doblega y el cáncer mata cuando no perdonas".

El dolor y la enfermedad son fuentes de información relacionadas con el conflicto y la desarmonía de la persona. La alimentación puede ser un alimento o un veneno, te cura o te enferma, pero no las dos al tiempo. Reconcíliate con tu cuerpo, escúchalo y háblale, toma responsabilidad de tu salud, el cuerpo siempre te está hablando, lo único que necesitas es tiempo para escucharlo y corregir. Cada célula responde ante un pensamiento que tengas y ante cada palabra que dices produciendo en ti bienestar o malestar.

La cara de una persona refleja cuál ha sido el diálogo interior de esta misma durante su vida.

El estado emocional y la claridad mental de una persona dependen de la libre circulación de la energía y la sangre. Las células se alimentan con sangre y se comunican electromagnéticamente. Cada vez que tengas un sentimiento o pensamiento negativo sobre tu estado de salud actual impacta en todo tu cuerpo, cuando lo adviertas sustitúyelo inmediatamente por una visualización en la que te veas en el estado de salud ideal que deseas, sintiendo verdadero agradecimiento, como si ya lo hubieras recibido.

La inflamación en la parte baja del estómago manifiesta problemas al digerir las emociones. Los estudios de la Organización Mundial de Gastroenterología desde el año 2009 han estimado de forma constante hasta hoy que en el mundo más del 60% de las personas tiene problemas digestivos, acidez indigestión y úlceras, situación que sigue incrementándose hasta el punto de convertir a los antiácidos y productos altos en fibra en elementos normales de consumo en la canasta familiar. Cuando vemos que la mayor parte de las personas en el planeta sufren este tipo de afecciones, entendemos que hay cosas que se están haciendo mal. Los desequilibrios biliares se asocian con rigidez de pensamiento, cólera, excesiva preocupación por los detalles, frustraciones y miedo hacia lo desconocido. Decisiones y acciones quedan paralizadas.

Para vivir más en la salud puedes tomarte un momento, cerrar los ojos, visualizar tu momento y hablarles a tus células con amor, diciéndoles que las amas y que ya pueden sanarse y ponerse mejor porque así vives mejor.

Alimentación

Es un importante concepto a trabajar, en gran medida tu organismo es el resultado de lo que comes y de la forma en que lo haces, por eso hay que aprender a usar el sentido común en tu dieta de tal manera que lo que consumas sea lo que más te beneficie, que aprendas a hacerlo de forma balanceada, (esto es sin favorecer o castigar a una sola clase de alimento), buscando el equilibrio en las dosis que tu cuerpo necesite de acuerdo con tu edad y las actividades que realices. Escucha a tu cuerpo, ponle atención a los mensajes que él te envíe, él te irá mostrando la ruta hacia el balance. Muchas personas te podrán asesorar o indicar la clase y cantidad de alimento que debes ingerir, pero recuerda que eres único e irrepetible, y por tanto solamente tu propio cuerpo determinará exclusivamente los tipos y las cantidades que más le conviene.

Tu dieta debe procurar conservar un balance entre proteínas, carbohidratos y la gran gama de nutrientes y vitaminas requeridos. Permite que sea tu propio cuerpo el maestro interno quien por medio de la intuición y el sentido común te guíe los alimentos y las bebidas más apropiadas a consumir, evitando falencias o excesos en el comer y beber.

En general, para llevar una dieta adecuada para tu cuerpo, lo más recomendado por nutricionistas es consumir alimentos enriquecidos por el sol, tales como los cereales, leguminosas, verduras y frutas, procurando en lo posible consumir estos alimentos de forma natural, sin que hayan sido sometidos a procesos industriales. Mediante la ingestión de alimentos de origen vegetal obtienes un balance perfecto en tu organismo, ya que las corrientes de vida vegetal son creadas y concebidas por la tierra para ayudar al hombre en su propio desarrollo, crecimiento y restauración, permitiéndole tener una vida saludable, con armonía física y mental, de esa manera ayudas a combatir las enfermedades que producen los alimentos no naturales. Recuerda que el estreñimiento[30] es generado por los hábitos antinaturales en la alimentación y otras causas como sedentarismo, adicciones, etc.

Tu calidad de vida ya sea durante tu infancia, adolescencia, madurez o tu posterior longevidad dependen en gran medida de la clase de alimentos y la dieta que lleves. En la actualidad la expectativa de vida sube, pero la calidad de la misma baja. En la antigüedad nuestros ancestros vivían menos, pero eran todos unos atletas, eran más fuertes, más animados y más saludables, ahora, aunque vivimos un poco más, la calidad de vida se está viendo afectada seriamente, incluso a veces desde la niñez. En este punto entendemos que la alimentación ocupa un papel decisivo en la calidad de vida de todas las personas. Comencemos a analizar las posibles causas que nos están llevando a esta situación.

Todas las células se están regenerando continuamente, algunas casi diariamente, otras entre siete días y en su conjunto (sistemas, órganos) duran siete años en realizar sus procesos regenerativos, eso significa que cada siete años somos totalmente nuevos.

---

30. Es la alteración del intestino que consiste en una excesiva retención de agua en el intestino grueso y el consiguiente endurecimiento de las heces, por lo cual se hace muy difícil su expulsión, forzando al organismo para la evacuación de residuos orgánicos.

En el trabajo de reconstrucción debemos suministrarle los materiales adecuados mediante el correcto ciclo alimenticio. La alimentación no solamente se da desde el proceso físico, también la carga emocional que le aportas en el momento constituye un elemento vibracional muy importante, ya que su combinación deriva en una ingesta nutricional limpia o saturada.

La mente está ceñida a que necesita alimento físico y en muchos casos confunde o esconde la gestión emocional con la ingestión de comida. Por ejemplo, cuando el niño llora se le da un tetero para que se calme, de esta forma se traslada al tetero la solución a cualquier situación tanto física como emocional, cuando en realidad lo que necesitaba era otra cosa, es entonces cuando el niño crece y queda condicionándolo al adulto a que todo reflejo o necesidad emocional sea asociada y supeditada al hecho de comer. Muchas veces el bebé o el niño necesita solamente un abrazo, una caricia, o una atención amorosa específica, pero no necesariamente comida y terminamos volviéndolos dependientes de la alimentación, en este punto se confunde la necesidad física de tener energía mediante el alimento con la ingestión de los mismos por el desbalance en la gestión emocional. No todo síntoma o aviso energético proveniente de nuestro cuerpo se debe relacionar con el hambre, en la mayoría de las situaciones sólo requerimos de un poco de agua, o tan solo de controlar el ritmo respiratorio desbalanceado, que fueron explicados en capítulos anteriores.

Cuida tu cuerpo porque es el único
lugar que tienes para vivir. / Jim Rohn

Masticar y digerir correctamente

Cuando masticas de forma apropiada estás tomando consciencia de lo que estás haciendo, es una especie de ritual nutricional. Se debe masticar de forma lenta y profunda. El sólo hecho de poner atención a tu masticación contribuye a que desaparezcan aquellos pensamientos que te rondan, liberándote de cargas emocionales innecesarias. De nada sirve ingerir alimentos limpios y balanceados si los envenenas con la carga emocional que les añades, esto es preocupación, odio, tristeza, angustia o miedo. El momento emocional que conecta cuando consumes alimentos constituye a manera de símil el "condimento energético" de la comida, es el aliño que puede mejorar o arruinar tu alimento físico. Si estás pensando en los problemas que tienes o estás rodeado de información nociva a tu alrededor, el alimento se contamina de la frecuencia del pensamiento y hace que el cuerpo procese la comida en forma de energía de estrés, quiere decir estás dañándote tú mismo porque te intoxicas con problemas propios y ajenos sin solucionar nada.

El ser humano puede alimentarse de modo que lo que coma no le perjudique. Muchas veces cuando comemos tenemos una energía muy agresiva, de apego, de devorar, haciendo que nos llenemos en exceso y no podemos frenar, por esto hay que hacer un poco de pausa consciente. El 40% de la digestión está en la boca, como mínimo se debe masticar un bocado de forma pausada durante diez veces.

Nos da sed cuando pasamos por un supermercado por la costumbre consumista adquirida, cuando pase esto pregúntate: ¿en realidad tengo sed? o por el contrario ¿He pasado mucho tiempo con sed y no lo había notado? empieza a aprender a conectarte con tu cuerpo, a conocer cuáles son sus verdaderas necesidades, alimentándote con consciencia amable, sin juicio a los pensamientos, sensaciones corporales y emociones positivas y negativas que se despiertan antes, durante y después de comer.

Hazte las siguientes preguntas:

• ¿Soy consciente de mi proceso alimenticio?

• ¿Estoy masticando bien?

• ¿Realmente disfruto de mi alimentación?

El consumo de bebidas energizantes junto con el tabaco, alcohol y alimentos procesados es muy nocivo, porque las sustancias adictivas que tienen sustituyen las fuerzas del yo, creando un "representante" interior del que nos volvemos dependientes, convirtiéndonos en sus esclavos. Así mismo el café hace que el sistema nervioso actúe solo, sin que tengamos que movilizar nuestra actividad interior de coordinación y coherencia lógica. El exceso de café se encarga de la persistencia en un pensamiento.

<u>Hambre mental y necesidad física</u>

Existen dos tipos de hambre, el hambre por deseo mental y por necesidad física. Cuando tienes hambre por deseo mental el síntoma a primera vista es que sientes de forma repentina deseos de ingerir comida, en la que apeteces cosas específicas y que son difícil de satisfacerlas, es cuando deseas cosas cargadas como dulces, chocolates, galletas, hamburguesas, gaseosas, etc., en cambio, los síntomas de hambre física se sienten gradualmente, se nota en el estómago y apeteces cualquier cosa en general, requieres alimento sin barreras de gusto, esto es, puedes comer cualquier verdura o fruta y es fácil de satisfacer con cantidades razonables.

Cuando comemos carne mal concebida, en las que las crías son retiradas de su madre al poco tiempo de nacer y son llevadas a cuartos de donde no van a volver a salir de por vida, sin luz natural sino con luces artificiales que son encendidas y apagadas de tal manera que se alteren sus ciclos biológicos y no tengan la noción del día, alimentados con químicos y hormonas estimulantes del crecimiento antinatural para que crezcan más rápido, engorden y se puedan comercializar con mayores utilidades para el productor, estamos ingiriendo la carne de animales que no viven su vida con tranquilidad y cuyo resultado último es su sacrificio, generando una carne impregnada de dolor y sufrimiento. Cuando nos dedicamos de forma habitual a consumir carne de forma innecesaria, excesiva e irresponsable se incrementan estados de angustia, ira y tristeza.

Se estima que la matanza anual de animales alcanza más de 30.000 millones de seres en el año entre bovinos, ovinos, caprinos, porcinos, equinos, aves y conejos, que se ha convertido en una industria irracional autorizada, haciendo que la carne que comemos quite el hambre, pero lo que más aporta es transferencia del dolor y sufrimiento, ése mismo dolor y sufrimiento que sintieron estos seres en su desarrollo y su muerte.

Emilio Carrillo en una de sus conferencias explica el proceso de aprendizaje del ser humano en el tiempo, en el cual los egipcios establecieron que los esclavos no tenían alma, posteriormente reconocieron la espiritualidad de ellos, situación parecida con las personas de color por parte de los imperios españoles e ingleses con la colonización, entre muchos casos. En la actualidad estamos en el momento de reconocer que los animales sienten, que tienen emociones y que por lo tanto sufren. Corresponde extender el concepto a los animales sin restringir la protección y el respeto exclusivamente al ámbito humano.

No dañes a nada que esté vivo, es la clave para que el ser humano deje de dañarse entre sí, dar y recibir respeto a la vida, eso es gestionar la energía adecuadamente. Si tú cambias, cambia el mundo, es la única forma de conseguir que se te abran todas las puertas del éxito, abundancia, felicidad y prosperidad de forma sostenida, las cuales han estado cerradas por situaciones derivadas de gestión inconsciente de nuestros procesos energéticos.

Debemos tener compasión de nuestro propio cuerpo y el de los demás seres vivos, los animales son órganos vivos sintientes que están desprotegidos y no nos han hecho daño, por lo cual tampoco debemos hacerles daño. Es inadecuado y hasta inaceptable centrar nuestra ingesta energética alimenticia basada en la masacre de animales inocentes e indefensos, al hacerlo estamos apoyando pasivamente la proliferación de campos de concentración de animales que son incluso mucho más hostiles que los mismos del régimen nazi. Mientras sigamos matando y masacrando seres vivos sin consciencia, la humanidad continuará recibiendo sus propias consecuencias.

La madre tierra no nos pertenece, nosotros pertenecemos a la madre tierra, ella es un ser vivo, debemos reducir el consumo de animales por dos factores: salud y compasión. Es lo que corresponde en este momento de nuestro ciclo evolutivo, reconocer y respetar los seres vivos de este planeta. Sirve de poco congregarse espiritualmente con sentimientos de amor y paz, realizando celebraciones o fiestas basadas en el sacrificio de animales que ofrecemos a los invitados y participantes. Entiende que los animales son nuestros hermanos menores que necesitan que los respetemos y cuidemos en lugar de masacrarlos en nombre de nuestra alimentación y supervivencia. Hoy podemos alimentarnos y sobrevivir sin necesidad de avalar la violencia industrializada en seres vivos.

La nueva era te llama a romper paradigmas, hace años por normatividad asesinaban a personas de color y era legal y por eso la gente pensaba que estaba bien, hoy asesinan animales y se considera legal y nutritivo, pero no quiere decir que está bien sólo por el hecho de que lo permitan los reglamentos. Depende de ti el patrocinio de estas actividades, porque si no consumes disminuye la producción porque no es necesaria. Eres parte de la solución, toma control de tu vida y tus decisiones sobre tu razón y sentido común.

En este punto pregúntate:
¿Soy compasivo con la naturaleza y los animales?

Los hombres necesitan de la tierra para vivir, en cambio nuestra tierra– ("Pachamama")[31], no necesita de nosotros, es más, ella viviría mejor junto con las especies si no existiera el hombre. La solución está en cada uno de nosotros, aquí y ahora, es momento de actuar individualmente sin esperar cambios por parte de terceros, ya sean industriales, políticos o entidades de salud, tampoco pienses que no es tu problema porque al ser pasivo estás apoyando el proceso y eso te hace cómplice. Comienza a generar el cambio con base en el amor y la compasión, es nuestra única opción para la supervivencia pacífica de tus hijos, nietos y futuras descendencias. Comienza haciéndolo por los tuyos, por los seres que dices que amas y por tu amor propio.

En caso de que la carne aún sea indispensable en tu alimentación y no consideres que sea momento de suspender su consumo, tranquilo(a), todo a su debido tiempo y ya llegará el momento de dar el paso.

---

31.   La divinidad de la Pachamama procede de la lengua quechua (Madre Tierra) representa a la Tierra, pero no solo el suelo o la tierra geológica, como tampoco solo la naturaleza; es todo en su conjunto. No está localizada en un lugar, pero se concentra en manantiales, vertientes, o apachetas. Es una deidad inmediata y cotidiana, que actúa por presencia y con la cual se dialoga. https://es.wikipedia.org/wiki/Pachamama.

Por ahora te invito a que limpies, agradezcas y bendigas tu comida así: "Elimino cualquier modificación que no sea de Dios, optimizo la vibración de los alimentos y bendigo a las personas que intervinieron en la cadena de producción, suministro y preparación de estos alimentos. Bendigo los animales y las plantas que contribuyeron para este plato, elimino el karma presente con bendición, respeto y amor." [32]

32.   Esta oración también aplica si no consumes carne, lo importante es que intenciones con amor la limpieza energética de todo el proceso de preparación hasta que llegó a tu mesa

Principios de alimentación balanceada

Una cosa es ingerir33 y otra es digerir34, cuando ingieras alimentos debes ser consciente de la carga digestiva que puede implicar. Lo que no se digiere apropiadamente se acumula y te intoxica. El proceso de digestión consume gran cantidad de recursos energéticos para procesar los alimentos, cuando el cuerpo humano no gasta energía en el proceso de digestión excesivo o innecesario, la utiliza en otros procesos tales como la reparación y curación de sus sistemas. A continuación, resumiré aquellos elementos con los que puedes comenzar para mejorar tu proceso energético alimenticio:

Es preferible comer poco y variar el menú.

- Masticar lento unas diez veces por porción, soltando los cubiertos conscientemente después de cada bocado, esto te ayuda a controlar la ansiedad y eleva tu nivel de consciencia al vigilar tu carga emocional en el momento presente.

- Evitar líquidos en la comida, la comida se debe digerir con saliva y la dentadura.

- Tomar agua pura al levantarse una hora antes de la comida y al acostarse.

- Comer con consciencia, evitando ver o escuchar noticias, impide comer cuando estés enfadado o nervioso.

---

33. Hacer llegar un alimento sólido, bebida u otra cosa al aparato digestivo a través de la boca.

34. Es cuando se transforma en el aparato digestivo un alimento en una sustancia que el organismo asimila. Es el proceso.

- Evitar comer antes de acostarte para que tu cuerpo se libre de cargas digestivas en la noche y se pueda dedicar a su propia y natural recuperación mientras duermes.

- Bendecir el alimento, agradeciendo la cadena de obtención hasta que llegara a tu mesa.

- Prescindir del consumo de carnes por salud, ética y compasión.

- Evitar consumo de drogas, tabaco, alcohol, azúcares, café, bebidas energizantes y procesadas industrialmente.

- Evitar la leche desde la juventud y nunca la combines con azúcar.

- Ayuna por lo menos una vez al mes.

Ayuno

El hombre antiguo no tenía las formas y facilidades actuales para comer todos los días, no podía seleccionar ni escoger aquello que quería consumir como lo podemos hacer ahora en el supermercado, el cuerpo conservaba y utilizaba las reservas que tenía para tiempos de necesidad, hambre o guerra. En la actualidad tenemos todos los productos a disposición en las vitrinas y estanterías de los puntos de venta, podemos comer los alimentos que queramos en cualquier momento y esto nos ha llevado a comer sin balance, en la mayoría de los casos sin necesidad, algunas veces comiendo sin hambre sino por cumplir horarios establecidos generando malos hábitos, esto debido a que no consumimos las cantidades que realmente necesitamos ni en los periodos de tiempo propicios.

El ayuno inteligente es uno de los factores de salud más importante. Es la forma de curación más profunda de la naturaleza y más antigua del planeta, los griegos, los egipcios, los persas, los hindús, los aztecas y los mayas, reconocieron el poder del ayuno y muchas congregaciones religiosas lo utilizan porque saben de su poder sanatorio, este proceso se denomina autofagia[35]. Cuando un niño o incluso un adulto está enfermo deja de comer, porque es el momento de eliminar sustancias tóxicas para poder regenerar zonas enfermas, dando tiempo y espacio para reintegrar órganos que están afectados.

---

35. La palabra derivada del griego, hace referencia a la idea de "comerse a uno mismo", que sería el mecanismo por el que las células de nuestro cuerpo se degradan y reciclan sus propios componentes. https://www.bbc.com/mundo/noticias-4402965

De la misma forma, cuando una mujer entra en ciclo de embarazo lo primero que hace es expulsar la mayoría de toxinas que puede y por ello los síntomas de mareos e indigestión, igualmente con los antojos el cuerpo le indica qué clase de sustancias necesita para realizar sus procesos.

Todos hacemos un ayuno en la noche desde que nos acostamos hasta que nos levantamos, tiempo en que el que el cuerpo se ocupa de desintoxicarse, reparar y regenerarse. Cuando comes en la noche el cuerpo se desgasta utilizando la energía en el procesamiento del alimento que consumiste y no se puede ocupar de recuperarse de forma adecuada perdiendo energía, por estar ocupado en procesos digestivos innecesarios, despertándote al día siguiente cansado. Comer de noche también es uno de los factores más claros para subir de peso y padecer con el tiempo de reflujo estomacal.

Los Lisosomas son tejidos del hígado[36] que funcionan como compartimientos especiales para el reciclaje, sus enzimas consumen los tejidos desgastados o dañados, partículas de comidas, bacterias, virus y todos los desechos que se acumulan en las células los cuales se reciclan y en algunos casos se pueden transformar en potenciales nuevas células y energía. El ayuno es una manera muy eficiente para que las células humanas descarten y/o aprovechen esos desechos acumulados. En el momento en que el organismo deja de recibir alimento o dosifica su ingesta, el cuerpo comienza a utilizar su propia reserva de energía haciendo que tus células se limpien.

[36.] Como símil los lisosomas son equivalentes al estómago de la célula.

En promedio una persona moderna de contextura normal tiene entre 100.000 y 140.000 kilocalorías[37] de grasa de reserva en el cuerpo, nuestra medida de consumo en condiciones normales es de 2.500 al día, esto nos representa una reserva calórica aproximada equivalente a 40 días de ayuno.

El ayuno pone en marcha la capacidad de curación ya que el cuerpo activa el instinto de conservación y por eso comienza a regenerar las zonas enfermas, no basta tomar la cantidad necesaria de alimentos sino realizarlo del modo más correcto posible. Si tienes molestias por la alimentación actual puedes iniciar ayudándote dejando de comer tanto y comenzar a consumir principalmente frutas como Papaya, Kiwi y otras que te ayuden a regular tu proceso digestivo. La Papaya contiene las enzimas papaína y papaverina las cuales reblandecen todas las células que tocan, mejorando notablemente el proceso digestivo. Comienza a comer con consciencia sin exceder el consumo.

Puedes comenzar a realizar prácticas de ayuno de forma progresiva, por ejemplo, dejas de comer entre 6 a 8 horas el primer día, evitando una comida y sus intermedios, (onces, postres, etc.), ya sea el desayuno, almuerzo o cena, de esta forma inicias tu proceso de desintoxicación. Importante que cuando estés en el proceso de ayuno no sufras pensando que no has comido, sino estés en la posición mental de agradecimiento con tu cuerpo porque él mismo se está limpiando mediante este procedimiento.

---

37.   Es una unidad de energía térmica donde una Kilocaloría (Kcal). equivale a 4,1868 Kilojulios y a su vez a 1.000 calorías (Cal).

Cuando termine el periodo de ayuno come normalmente, sin excesos, de lo contrario perdería el efecto. Si no eres vegetariano puedes comenzar eligiendo un día en la semana o quincena de no consumo de proteína animal, luego lo haces dos días, de forma que tu cuerpo se vaya acostumbrando sin sufrir. Cuando lo hagas frecuentemente observarás un cambio positivo en tu vitalidad, tendrás un mejor proceso digestivo, tu piel se verá más radiante y comenzarás a sentir que vives mejor.

El ayuno no cura, eres tú quien se cura mientras ayunas.

Elevar el sistema Inmunitario

En momentos de altos niveles de estrés, preocupación o tristeza, el sistema inmunológico se ve afectado influyendo en el sistema nervioso y en ese momento te vuelves más vulnerable a las enfermedades.

Aprende a cuidar y mantener tu sistema inmunitario elevado, para ello debes conocer los cuidados adecuados y ponerlos en práctica.

En el sistema circulatorio tienes los glóbulos rojos que son los encargados de oxigenarte, por su parte las plaquetas están encargadas de evitar hemorragias y los glóbulos blancos para defenderte, las defensas se bajan especialmente por:

• Estrés, miedo, resignación.

• Falta de hidratación adecuada.

• Sedentarismo.

• Tabaquismo y drogadicción.

• Exposiciones a ondas electromagnéticas.

• Excesos de azúcar y sal en las comidas.

• Creencias inadecuadas que generan temores.

• Otras enfermedades.

Para subir tus defensas es recomendable:

• Tomar suficiente agua cada día.

• Realizar actividad física.

• Comer adecuadamente, consumir alimentos entre otros como el Ajo, Jengibre, Cúrcuma, Champiñones, Canela; Jugos o Zumo de todas las verduras verdes; Vitamina D que se encuentra en la Papaya (también necesitas tomar el sol para absorberla); vitamina C presente en la Naranja, Mandarina, Limón, Kiwi; La Sandía también es un poderoso contribuyente; Miel y sus derivados y Propóleos; también, alimentos con pro bióticos; Aceite de Coco, entre otros.

• El estar relajado y la tranquilidad es muy importante.

• Depura la información que recibes pensando siempre en positivo, esto es salud, alegría y vitalidad con responsabilidad en lugar de miedo.

• Trabaja pensando cuáles creencias te infunden miedo y deséchalas cambiándolas por pensamientos de libertad, tranquilidad y felicidad.

Si piensas que sí puedes, estás en lo cierto,
pero si piensas que no se puede, también estás en lo cierto.

Henry Ford

Nuestros antepasados que guardaban sabiduría y consciencia desarrollaron técnicas siempre encaminadas a rescatar, conservar y gestionar mejor la energía como el Yoga, Ho´ponopono[38] y el Yin Di Lú[39] entre otras que aportaron el concepto del control de las emociones para tener una vida equilibrada, entendiendo la emoción como energía en movimiento. Algunos de estos conceptos en la actualidad se aplican en la práctica del Mindfulness, todas ellas son prácticas que se convierten en herramientas para mejorar la calidad de vida de las personas de manera demostrable, libres de vínculos o creencias religiosas o de algún otro tipo, prácticas que parten del proceso respiratorio, (mencionado en el capítulo I), contribuyendo a subir de forma rápida y eficiente el nivel del sistema inmunitario.

El sistema inmunitario funciona mejor en periodos de relajación, descanso y sueño, el cansancio disminuye tus defensas, algunos especialistas consideran que dormir es más importante que comer, en Estados Unidos se estima que hay cien mil accidentes de tránsito por falta de sueño. Cuando duermes el núcleo supraquiasmático del hipotálamo que está captando la luz solar y que es el reloj central empieza a ver el tipo de luz que hay, se comunica con los osciladores periféricos, manda esa información en donde genes se activan y dificultan e impiden o reducen la formación de tumores.

---

38.   El Hoponopono es una filosofía de resolución de conflictos y de sanación espiritual fundamentada en el perdón, la reconciliación y el amor. Sus orígenes se remontan a los primeros habitantes de la isla polinesia de Hawái, quienes solían practicar rituales de sanación. https://www.psicologiaymente.com/vida/hoponopono.

39.   Sistema basado en equilibrar las energías externas e internas, así como revitalizar el cuerpo, la mente y el espíritu. Mantak Chía – el equilibrio energético a través del Tao.

La melatonina es una hormona producida por la glándula pineal que ayuda a controlar el ciclo del sueño, por eso es un error interrumpir los procesos de recuperación físicos con actividades nocturnas tales como revisar ordenadores o mirar teléfonos, tabletas, etc.[40]

Cuando duermes respiras más lento y profundamente, lo que conlleva a una mejor oxigenación de todo el cuerpo, descansas y mejora tu buen humor, después de un sueño reparador tu piel es más tersa y brillante, mientras que la falta de sueño te hace comer más y lleva la tendencia a consumir alimentos de alto contenido calórico.

---

40   Mario Alonso Puig, La felicidad, el sueño, el sol, la naturaleza. https://youtu.be/dU8Ah- bRZ29o

CAPÍTULO III

El aquí y el ahora

Confía en el proceso de la vida, en la abundancia del universo, hemos sido creados para la abundancia y no para la carencia, todos los días el universo nos regala junto con el sol un momento en el que es posible cambiar todo lo que te hace infeliz, a veces tratamos de fingir que ese momento no existe, pero ese momento existe, nunca el hoy tiene porqué ser igual al ayer, presta atención y convierte el aquí y el ahora en ese momento mágico generador de cambio, de pensamientos creativos, todos los días puedes cambiar lo que te hace infeliz y para eso estás aquí. Confía en que se te protege y que no estás solo.

El presente es un regalo, la ansiedad proyecta hacia el futuro y la culpa hacia el pasado, el pasado es historia y el futuro es un misterio. Apártate de vivir en estado de víctima por sucesos pasados o de duda por el futuro venidero, apártate de juzgar el presente por todo lo que viviste en el pasado. Son tus mediciones y no tus condiciones las que determinan tu vida. John Lennon dijo: "La vida es lo que te pasa mientras haces planes". La vida es cada instante.

La vida es un milagro asombroso, si pides serás oído y si llamas las puertas se abrirán, usa este espacio mágico para pedir con todas tus fuerzas, pide paz para tu mente, siente dentro de ti la poderosa inteligencia que te da vida y que te ama. Siendo consciente de que hay sentimientos grabados en tu cuerpo, aprovecha este momento para perdonarte por todo lo dicho y por todo lo hecho, perdónate también por todo lo no dicho y todo lo no hecho, pide paz, pide salud física y mental, pide y actúa, el aquí y el ahora representan el convertirte en lo que estás haciendo en este preciso momento, esto es, si estas cocinando convertirte en los ingredientes que le dan sabor al plato, si estas lavando convertirte en el agua y el jabón que limpia las prendas, sintiendo plenamente cada cosa que haces y cada situación que vives.

Cuando tu mente está trabajando día y noche sin atención se desgasta innecesariamente, sin ninguna autoridad ni poder, sin causar impresión favorable y está destinada a volverse débil. No se trata de detener los pensamientos, solamente de estar atentos a ellos. Lleva tu mente en una misma dirección, de esta manera logras las mejores posibilidades potenciales. Puedes hacer cosas voluntariamente sin presionarte, si es así entonces lo disfrutarás, si lo haces con carga o presión no lo disfrutarás porque se volverá condicionado a algo, a una meta, un objetivo, para agradarle a alguien.

Los pensamientos son hipótesis y muchas veces especulaciones que no siempre representan la realidad. Conecta con el aquí y el ahora. Inicialmente te recomiendo tocar cosas físicas, observar el entorno y respirar, con ello aterrizas y sales de la nube de pensamientos enlazados al pasado o al futuro. A veces vives proyectando a futuro cosas que van a salir mal porque no estás conectado con el aquí y el ahora, vives atado a creencias temerosas, con esto pierdes la confianza y la capacidad de estar aquí y ahora. El aquí y el ahora significan estar aquí, vivir el instante actual, significan pensar y decir "soy feliz para tener una pareja" en lugar de "voy a tener una pareja para ser feliz".

Cada mañana vuelves a nacer.
Lo que haces hoy es lo que realmente importa.

Buddha

La calidad de tus conversaciones contigo mismo te puede hacer progresar, estancar o caer. Comienza hablando contigo mismo antes de hacerlo con otras personas, eso te fortalece.

- ¿En qué pienso constantemente?

- ¿Pienso en cosas positivas y edificantes de forma permanente?

- ¿Qué actitud tengo hacia el día de hoy?

- ¿Qué actitud tengo hacia la hora presente?

- ¿Qué actitud tengo hacia este preciso instante?

- ¿Pienso en cosas juzgadoras, agobiadoras o temerosas?

<u>Vive el momento presente</u>

Vive el momento presente sin apego, disfruta lo que tengas en este instante y ten la disposición para dejarlo marchar cuando se acabe, sin miedo ni tristeza, sin apego ni angustia. Todo es transitorio, tanto los buenos momentos como los malos. La vida tiene su propio momento, vive el hoy, vive el ahora, despierta por favor. Las personas fueron creadas para ser amadas mientras que las cosas fueron creadas para ser usadas, disfruta el presente usando las cosas a tu favor y amando a las personas, en lugar de amar a las cosas y utilizar a las personas. En el instante que decides depositar tu felicidad en otras personas o cosas, es cuando viene el sufrimiento por el miedo a perderlas, las cuales inevitablemente en algún momento tendrás que dejarlas pasar.

Todos en este mundo viven de acuerdo a su propio tiempo, algunas personas que te rodean pueden parecer ir delante de ti y otros detrás, pero cada uno va corriendo su propia carrera, en su propio tiempo, ni antes ni después, por ejemplo Barack Obama se retiró de la política a los 55 años, mientras que Donald Trump la empezó a los 70. No estas ni tarde ni temprano, ahora mismo estás a tiempo para ti y tienes derecho a elegir, a ser libre, tienes derecho a ser feliz aquí y ahora, elige ser libre, elige ser feliz, tienes derecho a ser y estar sano, tienes derecho a la abundancia, por esto levántate cada día contento, sal a hacer tu vida consciente y alegre.

Concéntrate en lo que estás pensando, diciendo y haciendo, enfócate en la experiencia de lo que estás haciendo en cada instante, de este momento de consciencia depende que digas la palabra correcta, que muevas el músculo correcto de la forma correcta y que hagas todo de forma correcta, así comenzarás a evitar esos pequeños errores y accidentes que tanto te molestan y a menudo te suceden, tales como opiniones desacertadas, pensamientos densos, tropezones, golpes y situaciones incómodas de las cuales terminamos arrepentidos una vez las hemos expresado por hacerlas sin control y sin medida.

✓   Evita responder cuando estés enojado.

✓   No hagas promesas cuando estés feliz.

✓   No tomes decisiones cuando estés triste.

✓   Reflexiones budistas

Vamos con un ejemplo del aquí y ahora: Estás en un partido de fútbol y tú eres el arquero o portero, entonces sancionan un penalti en contra de tu equipo. En ese momento ya no importa si el juez determinó justa o injustamente el cobro de la pena, la realidad es que la tarea única de ese momento es procurar, y sólo "procurar" atajar el tiro, para ello tienes que utilizar toda tu concentración y tu agilidad actuales dirigidas a detenerlo, haciendo tu mayor esfuerzo con consciencia y concentración, fijándose en "todos" los detalles del momento tales como el rostro del cobrador, la forma como se prepara a patear el balón, etc. El resultado no depende solamente de ti, pero sí depende en gran parte de la forma como actúes, tu asunto es sólo el esfuerzo, enfocado y calibrado. En caso de que el tiro termine en gol acéptalo y no te juzgues por no haberlo detenido, tú hiciste el esfuerzo, de donde el resultado se sale de tus manos, así serás libre de tu pasado. Aplica esto en todo momento, actúa con consciencia y concentración a voluntad propia.

Las cosas que en realidad importan en este momento son las actuales, el pasado ya pasó y el futuro está lleno de probabilidades que no sabemos con certeza cómo van a ocurrir. Cuando estés enfocado en el aquí y ahora te sorprenderás de las cosas que puedes hacer y de lo bien que te pueden salir.

Acostúmbrate a hacer bien cada cosa, desde la forma como te ajustas los calcetines, la postura de tu cuerpo, la forma como saludas, la forma como abres o cierras una puerta, siempre aquí y ahora, tanto lo grande como lo pequeño; observa, saluda, sonríe, mira a los ojos con atención y bondad y siempre fíjate en los detalles. Cuando la energía circula facilita la expansión y el movimiento fluido mientras que cuando te preocupas por todo hay una fuga de tu energía mental y vital de lo cual lo único que te queda es sentirte cansado, sin energía, tu motivación desaparece, te agotas y no has hecho nada.

<u>Sensibilidad</u>

Tu mente pensante te hace cambiar de estados físicos y emocionales de un momento a otro, en cuestión de un segundo pasas del aburrimiento a la alegría solamente con un simple comentario, chat o situación humorística; de la misma forma, en un instante se te puede revolver el estómago por una afirmación malintencionada de cualquier persona o viendo una situación injusta, ya sea en televisión radio, prensa, redes sociales. Sentir emociones es normal y está bien, la clave está en cómo la gestionas, porque en muchos casos cuando la emoción llega se queda en ti la frecuencia nociva que termina afectándote de forma inconsciente y permanente. Cuando no manejas tus emociones en el tiempo y medida justa ellas comenzarán a afectar tu propia frecuencia en forma de vibraciones bajas, comprometiendo el correcto funcionamiento de los sistemas físico y mental. De tu responsabilidad mental depende la mayor parte del propio bienestar o malestar. Siente la emoción y luego déjala ir con tranquilidad.

Te enseñan a ser fuerte en todo momento, a aceptar las cosas y a seguir adelante, sin embargo, parece que la persona es buena cuando sufre porque el placer está prohibido y esto hace que te sientas culpable cuando disfrutas o cuando haces algo que te gusta, porque no te han enseñado a ser sensible. La sensibilidad pertenece a tu ser total, por esto cuando camines siente y disfruta los rayos del sol en tu cara, cuando estés en la oficina o en la actividad que hagas siente con agrado la silla, las herramientas, los materiales que usas, conéctate con el aquí y ahora realizando toda actividad con consciencia, cuando te estés duchando siente el agua, recuerda que eres más del 70% agua, reconócela, agradécele y déjala fluir.

Una cosa es resiliencia[41] y otra es resignación, un drama es distinto a una situación por resolver, cuando eres resiliente tienes la capacidad de levantarte y superar el desafío que te plantea la vida y cuando te resignas dejas que el universo decida por ti la situación sin generar cambio alguno a tu favor.

Comienza a ser sensible entendiendo lo que estás sintiendo y el porqué de la emoción, aleja el concepto de que ser sensible es ser débil, al contrario, los insensibles ocultan sus debilidades en la negación de sus estados emocionales lo que conlleva a que acumulen emociones y se llenen de basura energética.

No mires para atrás con ira ni hacia adelante con miedo
Solo mira alrededor con atención.

J turker

Siente el amor, el amor es un sentimiento y el sufrimiento en muchos casos es a causa de la falta de amor, todos necesitamos escuchar, oler, ver, saborear y sentir que somos amados, hay que decir las cosas, por eso comienza por desahogarte de forma razonable.

---

41.   Resiliencia es la capacidad de los seres humanos para adaptarse positivamente a las situaciones adversas. https://es.wikipedia.org/wiki/Resiliencia_(psicolog%C3%ADa)

Intenta cambiar el fruncir el ceño por una mirada amorosa, da las gracias con una sonrisa siempre, muchas personas no saben que las amas simplemente porque no lo expresas, solamente lo dices en ocasiones especiales como navidad, cumpleaños, etc., cosas como estas terminan haciéndose por compromiso o protocolo pierden pureza y hasta credibilidad y cuando le dices a alguien que la(o) quieres, ella(o)s no lo sienten, si lo haces de forma sincera y reiterada terminarán entendiendo tu mensaje y recibiéndolo como corresponde. Otras ocasiones cuando te expresan amor y afecto tú tampoco lo sientes porque pones barreros. Suéltate, permítete sentir, eres humano y mereces amar y ser amado.

No reniegues de las horas amargas, no busques culpables ni venganzas, comprende que es la ley de la evolución que se está cumpliendo, así tendrás la conciencia limpia y podrás continuar tu camino con sensibilidad y sin juzgar a nadie. La calidad de lo que piensas determina tu propia vida. Elige lo que te gusta sintiéndolo con convicción. Nos hemos vuelto expertos en la observación del mundo exterior, los países, la tierra, la electrónica, los vecinos y eso nos lleva a terminar eligiendo cosas por influencia del exterior, comienza a volcar la mirada a ti mismo, comunícate contigo mismo,

conócete a ti mismo y enamórate de ti mismo primero. Te debe gustar tu vida, si no te gusta, tienes que hacer lo posible para cambiarla, de lo contrario estás perdiendo el tiempo arropado en tu propia resignación y autocompasión. Obsérvate a ti mismo y aprende a decir que sí y decir que no.

Gratitud

Es uno de los poderes más grandes que tienes para transformar tu vida, dar las gracias cambia tu energía y hace que tu mente se pueda enfocar en lo que realmente importa, en lo valioso, el ser humano. Agradecer atrae cosas buenas, cuando agradeces enfocas el pensamiento en aquello que te gusta y dejas de atraer aquello que no necesitas, es ver el vaso medio lleno en lugar de verlo medio vacío. La gratitud te da la herramienta que permite concentrar tu energía en lo que hay y no en la carencia, cambiando tu enfoque hacia la abundancia. La práctica de la gratitud elimina la mentalidad basada en la escasez, elimina tus estados de autocompasión o de autosuficiencia.

Ataca al espíritu de derrota en este momento, abriendo la consciencia de la abundancia. No se puede sentir infelicidad estando en estado de gratitud, cada vez que agradeces por algo envías esa frecuencia hacia todo el universo, es una manera de enseñar a tu cerebro a pensar de manera positiva en lo que realmente te conviene y dejas de poner atención a lo que no quieres, es el solvente que derrite la queja. La gratitud es el sentimiento que más humildad concentra y más amor expande.

Siempre recibirás más de aquello por lo que agradeces.

Las antiguas doctrinas espirituales de San Ambrosio[42] expresan que lo que damos a otra persona de todo corazón vuelve a nosotros multiplicado, por lo tanto, estar agradecido

---

42. Ambrosio de Milán, destacado obispo y teólogo de Milán, 340-397 AC. Es uno de los cuatro padres de la iglesia y uno de los 36 oradores de la iglesia católica. https://es.wi- kipedia.org/wiki/Ambrosio_de_Mil%C3%A1n

y dar gracias al otro por cualquier cosa que recibas es necesario y vital para mejorar tu vida. La gratitud es energía poderosa, y a quien quiera que dirijas la energía de la gratitud será recibida. Piensa en las personas con las que te relacionas en un día normal en tiendas, restaurantes, autobuses, puertas y ascensores por donde transitas, personal de servicios, padres, esposo(a), hijos, todas las personas con la que estamos en contacto merecen nuestra gratitud y respeto. Las relaciones con las personas van más allá de realizar una transacción económica, esto es más profundo, es un intercambio de energía y debe generan frutos tanto materiales como emocionales y espirituales, cuando compras o vendes algo recibes una compensación en dinero o en especie, agradece por la transacción sin importar si eres el que compra o vende, esta actuación tendrá efectos favorables energéticos emocionales y espirituales para las dos partes.

La gratitud atrae abundancia y el quejarse pobreza, sustituye la queja por la gratitud, cuando te quejas vibras en baja frecuencia y te debilitas, pero si la trasmutas en forma de gratitud se convierte en energía de bienestar. Siempre hay tiempo y motivo para agradecer algo, por más crítica que sea la situación que estés viviendo siempre hay algo por el cual agradecer. El poder mágico de la gratitud aumenta el flujo natural de la salud en la mente y en el cuerpo y ayuda al organismo físico a curarse más rápido, tal como lo han demostrado infinidad de estudios.

Siempre tendrás muchas cosas por que agradecer. Un rico miró por su ventana y vio a un pobre sacando algo de la basura y pensó, "Gracias Dios porque no soy pobre", luego el pobre levantó la vista y vio a un loco en harapos deambulando por la calle y pensó "Gracias Dios porque no estoy loco", posteriormente el loco miró hacia adelante pasar una ambulancia y dijo "Gracias Dios porque no estoy enfermo"; posteriormente un enfermo en el hospital vio pasar una camilla con un muerto envuelto en una sábana y confesó "Gracias Dios porque estoy con vida". Solamente el muerto no pudo agradecer nada.

¿Qué esperas para comenzar a agradecer? Mañana puede ser tarde. El día es hoy, por eso coloca tus zapatos muy debajo de tu cama para que cuando despiertes por la mañana tengas que ponerte de rodillas para alcanzarlas y así recordar agradecer por el techo y cama donde dormiste, sin importar si es en arriendo, prestado o temporal agradece y da gracias de antemano por todo lo que va a ser tuyo el día de hoy.

El día que agradeces las circunstancias difíciles que se presentan, el espíritu sana tu mente y te ayuda a limpiar las cargas, trasciende todos los procesos automáticos que te hunden en el sufrimiento, renuncia a lamentarte, renuncia a ser una víctima. Ahora es tiempo de empezar. Pregúntate a ti mismo:

¿Saludo a todas las personas?

¿Agradezco el servicio que me prestan todas las personas independientemente de quien me ayuda o sirve?

¿Soy agradecido de lo que tengo en lugar de sentirme desgraciado por lo que no consigo?

No te distraigas, si continúas distraído puedes llegar a tener un accidente mucho más grave que no sólo conlleve a lastimarte a ti mismo, sino llegar a lesionar a otras personas. Por ejemplo, cuando te golpeas un dedo del pie con tu cama, en lugar de quejarte agradece el mensaje que están dando puntualmente: ¡Concéntrate en el aquí y el ahora permanece atento!

Al hacer consciencia hoy reconoces que el verdadero valor de agradecer es comprender que todo lo que sucede en tu vida es un aprendizaje y eres tú quien con el uso indebido de tu libre albedrío decidiste convertirlo en tu propio sufrimiento. Agradece porque ha llegado tu momento de entenderlo.

No siempre duele para que sufras, duele para que cambies.

Disciplina

Disciplina es fortaleza y dedicación, evita combinar o confundir disciplina con sufrimiento, la disciplina alinea el camino y lo disfrutas mientras que el sufrimiento lo complica y no recibes nada positivo por sufrir. Cuando tienes disciplina generas hábitos, pero hay que entender que ese ajuste de los hábitos debe ser agradable y con convicción, abre tu mente a la posibilidad real de vivir una vida plena. A veces no tenemos disciplina y perdemos motivación rápidamente porque no creemos en nosotros mismos y otras veces no hacemos el esfuerzo para tener una vida mejor porque creemos que no la merecemos, o en otros casos porque decimos que estamos muy ocupados. Decir que no tengo tiempo para mejorar mis pensamientos y enfocarlos en disciplina agradable es como decir que no tengo tiempo para poner combustible en mi automóvil, se debe hacer en algún momento, de lo contrario te quedarás en la mitad del camino.

Considero importante no condicionar la disciplina con el resultado, en la vida lo más importante no es lo que puedes obtener sino lo que puedes dar y todo lo que haces en la vida suma, incluso en los momentos de más dificultad siempre hay un aprendizaje, por ello, aunque las cosas no te gusten busca el lado positivo que tienen.

El término disciplina tiene efectos negativos cuando haces las cosas sin amor propio o sin convicción, generan una carga pesada, por eso no funciona y no es agradable su práctica. Esto se debe a que la ejecución forzosa de una orden está supeditada a una sanción por incumplimiento.

Lo anterior no es disciplina es ordenanza. Hay que responder con actitud y conducta a ideales más altos, con amor y convicción. Sirve de poco que seas ágil, musculoso, inteligente y que te esfuerces si no eres disciplinado con consciencia, necesitas disciplina y constancia con intención y objetivo, esto te ayudará a realizar tus actividades con talento, ímpetu y muchas ganas.

¿Qué tan disciplinado eres por tu voluntad y amor propio?

Ser disciplinado es una inversión de tiempo, energía y de enfoque. Es hacerte discípulo de tus ideales comenzando a vivir bien con los comportamientos que tú escojas, así la disciplina bien empleada hará que cumplas tus objetivos con esfuerzo, pero sin sufrimiento, es tener concordancia entre lo que piensas, lo que dices y lo que haces. Cuando la utilizas mal te vas a desgastar día a día, porque te sometes y generas conflicto puesto que no hay concordancia entre lo que haces y lo que quieres hacer. Trabaja con disciplina y control propio, actúa y muévete siempre sin prisa, pero sin pausa, aquí está la diferencia entre un soñador y un realizador.

Cuando la gente se queda sin empleo comienza a dormir hasta tarde y se desequilibra emocionalmente aún más que cuando tenía el yugo de un trabajo, por esto comienza a cuestionarte qué tan disciplinado eres y lo más importante, si estás siendo disciplinado por convicción.

• ¿Madrugas solamente porque tienes un horario social que cumplir o lo haces por convicción?

Identifícate como alguien disciplinado y no perezoso, recuerda que la vida es movimiento y que análisis + análisis = parálisis, por eso deja de pensar tanto y comienza a moverte de forma constante y en la dirección correcta. Planifica, para ello elabora una agenda con unos tiempos y acciones, siendo ordenado, con metas claras y que sean realizables. Deja la pereza y empieza a actuar, busca que tus objetivos realmente valgan la pena y te beneficien, que sean alcanzables, reales; separa y diferéncialos de aquellos que haces para tener contento a alguien, estos terminan siendo nocivos y lacerantes para tí. Si los objetivos son superficiales y no te llenan, entonces no valdrán la pena y difícilmente lograrás conseguirlos satisfactoriamente.

El éxito llegará fácilmente
cuando funciones a tu máximo potencial.

Sadhgurú

La disciplina tiene un proceso, comienza con el orden y aseo, cada cosa tiene un lugar, perdemos mucho tiempo y nos distraemos buscando cosas, como te mencioné en el tema del soltar, elimina las cosas que no uses, en tercer lugar, acostúmbrate a honrar tu palabra, por ejemplo, en muchos lugares de Latinoamérica existe una cultura organizacional de la mentira, decimos que llegamos en 10 minutos cuando ni siquiera nos hemos preparado para salir. La pregunta sería:

• ¿Qué sentido tiene deshonrar mi palabra?

• ¿Qué gano deshonrando mi palabra?

• ¿Qué imagen doy cuando deshonro mi palabra?

• ¿Qué ejemplo doy a mis familiares y amigos?

• ¿Si no cumplo mi palabra qué autoridad tengo para exigir que los demás me cumplan?

Cuando empieces a honrar tus palabras con tus acciones se abrirán las puertas de la disciplina con convicción. Disciplina indica constancia. Un niño que se cae nunca dice "Esto no es para mí", sino se levanta, continúa y si cae nueve veces, nueve veces vuelve y se para y lo hace con entusiasmo, ¿Entonces por qué nosotros al resbalar la primera vez renunciamos? el niño disfruta el momento, si va caminando, disfruta y se ríe, si va en una bicicleta de igual manera disfruta y también lo hace si va en carro o bus o tren o avión, entonces qué pasa con nosotros que nos quejamos de toda situación en la que estamos, por ejemplo cuando vamos a pie nos quejamos de la polución, de la lluvia o del sol, si vamos en carro criticamos el tráfico, etc.

> ***Somos lo que hacemos repetidamente.***
>
> Aristóteles

Desarrolla tu propia capacidad de tomar decisiones conscientes y responsabilízate por sus resultados. Encuentra tu propia disciplina hablando con tu cuerpo para encontrar el punto óptimo, haciendo lo que te conviene, lo que es bueno para ti y una vez encontrado dale su lugar. Por ejemplo, hay personas que tienen mejores resultados cuando estudian temprano en la madrugada, mientras que otros se concentran mejor al hacerlo en la noche, entender los ritmos propios de cada cuerpo genera que las actividades que se realicen no se conviertan en una disciplina forzada porque estará a tono con la vibración del cuerpo individual.

***La vida te regala todos los días un cheque de 24 horas,
tú decides en qué lo inviertes.***

Jorge Bucay

Preocúpate por despertar a tu manera y a tu ritmo, ponte en acción sin importar si hay otros que siguen dormidos. Dale tiempo al tiempo. Cuando sirves una cerveza es mejor cuando esperas que la espuma se repose porque cuando la tomas inmediatamente no la disfrutas en su máximo esplendor y no te sabe igual.

El perdón

El perdón debe funcionar como una vitamina diaria que tomas en el desayuno para estar sano y ser cada día más feliz y hermoso. Es el mecanismo que ayuda a que ese vehículo que tienes funcione como el verdadero templo que es, para que hagas tu misión en la tierra. Viniste a perdonarte y a perdonar para sanar, de lo contrario seguirás sufriendo sin necesidad y se bloquearán los caminos de tu felicidad y prosperidad.

Cuando decides no perdonar estás haciendo que tu pasado determine tu futuro. Aunque consideres que la vida no es equitativa perdona y perdónate a ti mismo. La vida no es justa ni injusta, es sólo la vida. Puedes tener éxito, pero si estas amargado por dentro afectarás cada victoria. Tienes que ir a la raíz del conflicto para que tus logros sean victorias verdaderas. Sin perdón no hay serenidad, sin serenidad no hay éxito y por tanto no eres feliz.

Perdona a todos tus agresores en esta vida material y en vidas pasadas, perdona a todas las personas que has agredido en esta vida y en vidas pasadas, de esta forma liberas karma de vida actual y de vidas pasadas.

Perdónate a ti mismo de tus errores, entendiendo que eres humano y que es parte de tu evolución, de esta forma liberas tus sentimientos de culpa. Perdona los agravios recibidos, dejando marchar todo sentimiento de envidia y rencor.

• ¿Cuándo fue la última vez que perdonaste algo o a alguien sinceramente?

•¿Perdonas desde el corazón o desde las costumbres sociales?

•¿Perdonas y te perdonan?

El perdón te otorgará paz y amor los cuales son las metas mayores, si quieres disfrutar cada día tu desayuno, almuerzo y demás jornadas mantente en paz, si no hay paz en tu vida no hay cosa que puedas hacer de una manera que valga la pena. Estar lleno(a) de paz significa que tu sistema, tu mente, tu cuerpo y tu energía están tranquilos, cuando no estás en paz pierdes el control y se torna en ansiedad, pensando que la paz está en otro lado, pero no aquí y ni ahora.

La tierra está clamando y pidiendo a gritos un cuidado superior, los bancos de peces están muriendo por intoxicación, se ha excedido la tala de árboles, se ha abusado de la fauna y flora y muchas especies han desaparecido porque no han soportado la presión del ser humano. Parte de esto tiene remedio cuando tomemos consciencia de nosotros y de nuestro planeta. No hay mejor oro ni mayor recubrimiento que el avance del amor como seres en la tierra para ayudar a nuestra madre tierra, a todas sus especies habitantes y a nosotros mismos.

Confianza

La vida tiene un movimiento por sí sola y es imposible tener todo bajo nuestro control, es la ley de la energía, la vida tiene su manera de moverse y nosotros estamos dentro de ella, por eso debemos confiar en la vida. Permítete mantenerte en calma y deja que el flujo de la vida vaya resolviendo ciertas cosas que forman parte de ella y que se salen de tu control. Ayuda en lo que puedas y suelta el resto. Si confías en la vida aceptas, la aceptación no es resignación, tampoco impotencia, es fruto de la confianza, como confías en la vida aceptas todo lo que hay en ella y en la de los demás.

Aprende a confiar en los tuyos y en el proceso de la vida, deja la intensidad con el celular, deja de manipular con el pretexto que estás preocupado, el hecho de no contestar el celular no indica que te están siendo infiel, que están en peligro de muerte ni que les ha sucedido algo malo. Lo que tiene que suceder sucede y el celular no lo va a evitar. Confiando estarás mucho más tranquilo y dejarás respirar a los tuyos también.

Estás en el aquí y el ahora, vívelo sin condiciones, haz cada día lo mejor que puedas y confía en el proceso de la vida. Cuando vas en modo resultado estás persiguiendo algo, en algún lugar, pero aquí no, en algún momento, pero no ahora, en algún tiempo, pero no ahora.

Aquel que lo piensa mucho antes de dar un paso
se pasará toda su vida en un solo pie.

Proverbio Chino

Si estás pensando en todas las cosas, todas las respuestas y todas las personas que aparecen en tu día para encontrar las soluciones a la pregunta o lo que necesitan, inevitablemente te agotarás, te agobiarás, serás parte del problema más que de las soluciones y terminarás enfermo por la presión del estrés. Solamente dale buenos deseos, apóyalos y confía en que cada una de ellas consigan sus propias respuestas. Pide sin exigencias, confía sin aferrarte a lo que estás pidiendo. Si cuando haces las solicitudes no sueltas, generas expectativas falsas.

La mayor parte de la gente se empeña en tener un líder que los guíe, alguien que los mande y en quién confiar, huyen de la casa porque no quieren que los manden y a cambio se sumergen en relaciones caóticas llenas de sumisión y dependencia con sus parejas o sus empleadores. Deja de intentar controlar todos los momentos como un mecanismo de prevención del dolor, permítete cometer errores, cambia las preocupaciones por estados imaginativos, permítete fluir. Cuando te estancas en el miedo te hundes en un círculo vicioso así: el miedo genera rabia, la rabia genera tristeza, la tristeza genera preocupación, la preocupación abandono y el abandono genera miedo volviendo al primer estado, pero de forma ampliada. Cambia el miedo por confianza.

Alegría

Has sido formado con parámetros y limitaciones para encajar en un marco social determinado, en el cual se te permite el enojo o la tristeza pero hasta cierto punto, de la misma forma no puedes expresar tu alegría o felicidad espontáneamente creando una muralla, también te enseñaron que la felicidad se obtiene mediante el sufrimiento, mediante el dolor, y para ello te convencieron que con disciplina llegabas a ser feliz, efectivamente puedes llegar a un punto, sin embargo la disciplina no implica obligatoriamente llevar un camino de sufrimiento y dolor e insatisfacción, por esto vive tu vida enfocada en la alegría, el amor y el convencimiento de que lo que estás haciendo es lo correcto desde tu corazón, diferente de observar parámetros legales punitivos envuélvete en sentimientos de alegría.

Sentirte alegre y digno es fundamental para poder atraer aquello que deseas, si no tienes la sensación de merecer algo ¿por qué te lo va a enviar la energía divina que está presente en todas las cosas?

Cuando cambias y sabes que tú y la energía divina son una sola esencia y que es tu temor el que se confabula para impedir utilizar ese divino poder en tu propia vida, entiendes la necesidad de llenarte de alegría e inspiración para hacer aquello que te guste, si vas a hacer algo concede el beneficio de no quejarte por el resultado y en lugar de eso muestra cariño por esa actividad. Tu lema aquí ha de ser "me gusta lo que hago y hago lo que me gusta"[43].

___

43.   Yo soy espiritual Sentirse digno es fundamental para atraer lo que deseas. Pensamiento positivo 2 Yo soy espiritual. https://www.youtube.com/watch?v=4KV079J33MI

Para ser felices se necesita eliminar dos cosas:

El temor de un mal futuro y el recuerdo de un mal pasado.
Séneca

La teoría de indefensión o impotencia aprendida de Martin Seligman44 se refiere a la condición de un ser humano o animal que ha aprendido a comportarse pasivamente, con la sensación subjetiva de no poder hacer nada por estar condicionado a una agenda o lineamientos sociales. La felicidad es lo que tú sientes, lo que eres, es el resultado de tu propia vibración, es un flujo constante de ajustes sucesivos que causan crecimiento. Muchas personas postergan su felicidad condicionados al desarrollo de una actividad manipulada por terceros (agenda).

La felicidad no llega cuando conseguimos lo que deseamos. Llega cuando disfrutamos lo que tenemos en cada momento.

La felicidad no llega de afuera sino sale de adentro, los momentos externos te brindan momentos de alegría, pero resultan siendo efímeros. Ser feliz no es un don, es un gen que todo ser humano posee, se confunde la felicidad con no tener problemas, el ser feliz y estar alegre es una decisión. El bienestar viene de lo que recibes de afuera, mientras que la felicidad es una decisión personal que viene de adentro, el bienestar tiene que ver con el goce de lo que recibes, la felicidad se relaciona con el gozo personal que está más estrechamente relacionada con el ser y no con el tener.

Establece la felicidad en tu estilo de vida. Para el creyente todas sus creencias son ciertas, piensa y siente que sí puedes, háblalo y hazlo una emoción consciente. Tu felicidad se basa en la aceptación y en la creencia de que eres lo que quieras ser. Tu felicidad llega cuando disfrutas lo que tienes.

44.   La teoría de indefensión aprendida se ha relacionado con depresión clínica y otros tras- tornos mentales «resultantes» de la percepción de ausencia de control sobre el resultado de una situación.

Salir del estado de víctima

Cada vez que pensamos emitimos una fuerza electromagnética que genera nuestro corazón, la emoción tiene una potencia mil veces superior al pensamiento, cuando hablas desde el corazón la frecuencia es muy superior. El mundo es como nosotros, lo creamos, la excelencia o la mediocridad determina el camino que tomes al levantarte.

Deja de quejarte de todo: del clima, del tráfico, del país, de tu pareja, etc., no todo depende del tiempo sino de la actitud con que miras la vida, el tiempo es como un rio, nunca podrás tocar sus aguas dos veces, porque el agua que ya pasó nunca pasará de nuevo. Aprovecha cada minuto y cada segundo de tu vida. Sensaciones de bienestar interior llenan de emociones positivas y de disfrute de la vida.

> *No dejamos de jugar porque envejecemos,*
> *envejecemos porque dejamos de jugar.*
>
> George Bernard Shaw

Siguiendo el discurso de Antonio (Toni) Nadal, el tío y entrenador del famoso tenista español Rafael Nadal45, que en sus comienzos deportivos cuando perdía los partidos le decía a su sobrino "no has jugado muy bien", a lo que Rafael le contestaba que hacía mucho calor, entonces su tío respondía: pero Rafa "no solo hacía calor en el lado de la cancha donde estabas jugando, en los dos campos había el mismo calor, deja de victimizarte".

Empieza a revisar tu estructura mental con actitud de cambio, replanteando aquellas costumbres y actuaciones que no necesariamente estén bien hechas, tratando de romper ataduras sociales tales como "yo soy así", "así me criaron" o la peor "Siempre se ha hecho de esta forma".

Estás en momentos de acción, no eres responsable de la cara que tienes sino de la cara que pones, actúa de conformidad entonces: saluda mirando a los ojos, sonríe siempre con la frente en alto y mirando a los ojos, comienza a mejorar tu comunicación con el entorno con una actitud de cambio. Cuando la actitud es cero el efecto multiplicador es cero. Imposible generar cambios favorables con actitudes estáticas o negativas ya que pierdes motivación y generas inactividad, situaciones a las que estás expuesto cuando tu actitud no es la apropiada. Cuando tienes miedos tienes dos opciones: aguantarlos o enfrentarlos. Son invitaciones del alma a desafiarlos. Sal del estado de víctima.

El primer paso no te lleva a dónde quieres llegar
Pero te saca de donde estás.

45.   Más conocido como Rafa Nadal, es un tenista profesional español que ocupa la tercera posición del ranking ATP. Está considerado como uno de los mejores tenistas de toda la historia y el mejor de todos los tiempos en pistas de tierra batida. Hasta la fecha ha sido campeón de 20 torneos de Grand Slam, siendo junto al suizo Roger Federer, el más laureado de la historia del tenis masculino.

CAPÍTULO IV
Energía vibración y frecuencia

La energía en nosotros

Aprende a utilizar tu todo y el del universo con la fuerza y a la velocidad precisas. Tienes un cuerpo supremamente sofisticado, cuando estás con las palmas de las manos hacia arriba la energía fluye de una manera determinada afectando tus sistemas respiratorios, digestivo, y linfático, pero en cambio, si pones las palmas boca abajo el cuerpo es influenciado energéticamente de una manera distinta. En tu cuerpo tienes un Ferrari y probablemente lo estás manejando como si fuera una bicicleta de madera, todo por no saber cómo operarlo, porque lo tienes, pero nunca conociste el manual de instrucciones y no sabes cómo hacerlo funcionar al máximo potencial.

Tienes el poder en tus manos para vivir la vida como la sueñes, transfórmala, siéntela, vívela en la forma como desees para hacer lo que quieras realizar, para ello comienza con el amor propio, recuerda que existen muchos amores en tu vida: el primer amor, el amor imposible, el amor de tu vida, pero el más importante de todos es el amor propio. Quererte, conocerte, cuidarte y superarte es la máxima expresión de tu amor propio.

Cuanta más energía tienes, más recursos obtienes para concretar lo que deseas en tu vida y generas el poder necesario para crear lo que quieres, por tanto, se trata de acumular al máximo tu energía para utilizarla luego en debida forma, procurando desperdiciarla lo menos posible y manejando de forma consciente una vibración alta. Cuando una persona de alta energía aparece, su energía influye favorablemente en el campo electromagnético del ambiente y de las personas a su alrededor, mientras que una persona que tiene baja energía vuelve tenso e insano el campo que lo rodea.

La energía comunica, tu cuerpo comunica tanto hacia el exterior como a ti mismo, por ejemplo, cuando utilizas un calzado incómodo el cuerpo te da el mensaje de dolor leve diciéndote "esto me lastima" "libérame de esta presión". En este punto las preguntas son:

• ¿Escuchas los mensajes que permanentemente te da tu cuerpo?
• ¿Te comunicas con tu cuerpo?
• ¿Gestionas adecuadamente la respuesta a las alarmas que te da?

Aprende a escuchar asertivamente los mensajes que te comunica tu cuerpo, hay comunicación asertiva cuando existe empatía, esto es comunicarse con atención de forma sincera, sin mentir, sin fingir, sin ánimo de conflicto sino con ánimo de resolución, resolución es dar respuesta.

Si quieres conocer a la persona que va a cambiar tu vida, sólo mírate al espejo.

Dentro de las cuestiones que nos preocupan en la cotidianidad están el conservar sanos y fuertes nuestros cuerpos físicos, que son la parte de energía con mayor densidad que tenemos y de la cual debemos prestar atención, en este punto es preciso que entiendas que tu desequilibrio energético está directamente relacionado con el manejo emocional que llevas. Cuando no gestionas las emociones adecuadamente se presentan desbalances manifestados en forma de enfermedad y sufrimiento, es en ese momento cuando llegan las crisis y en ellas se derrama todo lo que traes adentro y que has venido acumulando en el tiempo.

En la mayoría de los casos lo que sientes cuando pasas en un momento crítico no habla de la situación última sino es el resultado acumulado de lo que ha venido sucediendo contigo durante un tiempo y que aflora en el presente como consecuencia del último suceso, el cual urge ser solucionado, es entonces cuando la situación refleja todo lo que acumulaste dentro de ti, porque se vuelve urgente trabajarlo. Es como si empezaras a llenar gota a gota una taza con café durante unos días y cuando la tienes llena te dieran un empujón, lo que se derrama es el líquido que se había acumulado en un espacio durante un tiempo determinado. La emoción te sacude y te empuja a moverte, lo hace de esta forma porque ya te había comunicado durante mucho tiempo algo que requería un cambio y tú ignoraste los mensajes o les pediste que les dieras tiempo porque todo era más importante que cuidarte a ti mismo.

Materia y energía

El universo está compuesto de materia y energía, el término energía proviene del vocablo griego "energía" que significa actividad. La energía es la capacidad de realizar trabajo o acción, producir un movimiento, cambio o transformación, sus características principales son:

- La energía no se crea ni se destruye, se transforma.
- Siempre está en movimiento.
- Siempre está en expansión.
- Es constante en el universo.

Para utilizarla correctamente debemos moverla en la dirección e impulso adecuados, siempre con balance. En el cosmos todo es cuestión de energía, la vida es movimiento y el movimiento es energía, la energía hace que la materia se mueva y sólo existe una energía, lo que cambia son los grados de vibración.

El universo se fundamenta en las diversas formas como se manifiesta la energía, esto es, en nuestro cuerpo, los animales, la naturaleza, los planetas y demás, todo se caracteriza por ser "información que vibra", esta energía de acuerdo con su frecuencia se manifiesta de muchas formas como el sonido, la luz, ondas de radio, etc., es por esto que hay una conexión entre todos los elementos de la existencia, que aunque no podamos percibirlos, la energía existe y se manifiesta de muchas formas y ello no implica que la ignoremos o en el peor de los casos neguemos su existencia.

De acuerdo con la densidad de la materia que las compone, existen dos niveles de energía, dentro de la primera clasificación está la energía densa, cuyos elementos que comparten estos niveles son fácilmente apreciados, percibidos y medidos a través de instrumentos actuales, que por su característica están acompañados de volumen (masa y peso), dentro de este grupo podemos mencionar los 260 huesos y 650 músculos del cuerpo humano, con sus sistemas que son la unión de órganos, sus órganos que son la unión de tejidos y los tejidos que son la unión de células, de las cuales una persona (hombre o mujer) de contextura normal con un peso de 75 kilogramos y una altura de 170 centímetros tiene un aproximado de 30 billones de ellas.

Dentro de la segunda clasificación están las energías sutiles, algunas de las cuales en la actualidad pueden ser detectadas por equipos tecnológicos como la cámara Kirlian[46] y otras de mucha menor densidad o mayor sutileza las cuales no se han logrado identificar con los aparatos tecnológicos actuales, que no obstante no poder pasar por el filtro científico legal autorizado, resulta actualmente un error descalificarlas o ignorarlas. A los niveles de frecuencia más sutiles que son parte integral del ser humano se les denominan fuerzas o conexiones espirituales.

[46]. Es una cámara capaz de plasmar en una imagen el efecto corona de cualquier objeto u organismo, que es la intensidad lumínica o aureola energética, que es denominada por alguna aura. El aura es una parte de la energía sutil del cuerpo humano que no es apreciable a primera vista mediante los órganos de los sentidos de una persona del común. Este aparato fue desarrollado por la pareja Semyon Kirlian y Valentina Krisona en el año 1939 en la Unión Soviética.

A manera de símil, para explicar la forma como se manifiesta la energía la denominaré análogamente comunicación. Todo proceso comunicativo tiene un emisor, un canal, un mensaje y un receptor. El mensaje viaja a través de canales y de acuerdo a su nivel vibratorio los podemos o no observar. Por ejemplo, el agua (que representaría el mensaje) que tu recibes y bebes en tu casa (receptor), se transporta desde la hidroeléctrica (emisor), este líquido gracias a su densidad (características de masa, peso y volumen) lo puedes ver, sentir, tocar y oler, ella se desplaza mediante la tubería (canal), que en este caso por la densidad de los materiales tú mismo puedes ver la tubería y también el líquido cuando abres la llave. Un segundo ejemplo es el de la energía eléctrica, la cual viaja por el cableado energético, pero no la puedes ver, en este caso tú puedes ver únicamente el cableado, sin embargo, a pesar de que no puedas ver la corriente energética, si introduces tus dedos en un cable o conexión la puedes sentir[47]. Finalmente, la red de internet no es apreciable por tus sentidos y tampoco puedes ver el contenido cuando va viajando, únicamente ves cuando el mensaje es codificado por el ordenador, Tablet o el teléfono celular.

Para dar mayor claridad a los conceptos mencionados de masa, peso y volumen, a continuación, explicaré individualmente cada uno de ellos:

• Materia: Es todo aquello que tiene masa y volumen.

• La masa depende de la cantidad de materia que tenga el elemento.

---

[47]   Bajo ninguna circunstancia se debe realizar este ejercicio.

• Volumen: Es el espacio que ocupa un cuerpo (la materia) y se mide en metros cúbicos m3.

• El peso es la fuerza que realizan los objetos debido a su masa y la acción de la gravedad donde se encuentre en el momento en que transita esta porción de materia, su peso variará si el elemento se encuentra en la tierra48, en la luna o en marte.

• La masa se mide en kilogramos, es la cantidad de materia que tiene el cuerpo, a mayor masa más peso.

• Densidad es la cantidad de masa que existe en una unidad de volumen para una sustancia[49], entre más masa tenga será más densa.

• La materia es un campo de energía con una vibración menor a la electricidad o la luz.

• La frecuencia es el número de repeticiones de un evento o circunstancia en un periodo de tiempo. Todo varía según la frecuencia con que vibren las cosas en el universo.

---

48. La fuerza de la gravedad alrededor de la superficie tierra es 9,8 metros/ segundos.

En relación con la densidad de la materia, observemos el siguiente cuadro comparativo con una base de medición de kilogramo sobre metro cuadrado (Kg/m3) así:

Elemento	Densidad Kg/m3
Oro	19.300,0
Agua en estado líquido	1.000,0
Agua en estado sólido (hielo)	916,8
Alcohol etílico	806,0
Aire	1,29

Podemos decir que el oro es 19 veces más denso que el agua en estado líquido porque en un espacio de un metro cúbico su peso es de 19.300 kilogramos, mientras que la densidad del agua es de 1.000 kg/m3. Otra forma de decirlo es que el agua en estado líquido por su densidad ocupa menos espacio que el alcohol etílico, porque un metro cúbico es ocupado por 1.000 kilogramos de agua, mientras que en la misma medida solamente caben 806 kilogramos de alcohol.

[49.] La densidad se mide en kg/m3.

<u>Vibración</u>

Es el movimiento repetitivo alrededor de una posición, el término ya era conocido por culturas famosas y antiguas como la egipcia y la griega. Cada emoción que tienes afecta tu vibración porque la energía resultante de la vibración implica actividad en movimiento. Cuando son bajas tus vibraciones te anclas en el temor y el sufrimiento, las vibraciones altas son generosas, constructivas, amorosas, te conducen a vivir saludable, tener mejores relaciones con las personas y llevar a cabo tu proyecto de vida de forma armoniosa, mientras que las vibraciones bajas tienen que ver con la necesidad primaria de supervivencia, son más personales, enfocadas en el ego, desequilibrantes y conllevan a enfermedades de todo tipo e incluso en algunos casos a la muerte.

Cada situación que vives por insignificante que parezca, te hace sentir una emoción y este suceso de acuerdo con la forma en que sea gestionado deriva en salud o enfermedad. Es importante mantenerse vibrando en frecuencia elevada todo el tiempo posible, cuando estás más arriba vibracionalmente las metas se vuelven grupales y protectoras, lo correcto es pensar primero en uno mismo para así poderse proyectar favorable- mente hacia los demás. Cuando vibras adecuadamente tu misión de vida aparecerá en el camino de forma completa.

Estás cargado de dones y lo que te sucede no es casual, hay un camino del alma transitando y eso se refleja en el momento que estás viviendo a pesar de las dificultades que estés trasegando, las cuales no necesariamente son negativas.

Tradicionalmente pensamos o nos ponemos en posición de víctimas o victimarios, cuando vibras con la creencia de sentirte víctima de tantas cosas no estas asumiendo ese poder de evolución y superación que te corresponde por naturaleza. Comprender tu historia implica saber que esa persona que has sentido que te ha dañado o que has dañado también tiene su propia historia y sus propios dolores. Si al final no se comprende la historia y no se perdona, esta se seguirá repitiendo y por tanto nunca lograrás salir de tu baja vibración. El dolor que no se transita afecta tu nivel vibratorio hasta tanto lo gestiones.

Si profundizas en tu historia muy seguramente te podrás dar cuenta que hay heridas similares que se repiten en el tiempo, el otro solamente te está mostrando lo que hay en ti y que no puedes ver, emociones y sentimientos guardados que previamente no habían podido aflorar porque no fueron resueltos en su momento y que necesitan hoy salir para poder liberarlos. Cuando indagas en tu historia y en la historia de tus padres podrás darte cuenta que tienen las mismas heridas o muy similares y que se han venido repitiendo de una manera u otra, en este momento alguien tiene que poner consciencia en ese proceso y responder de una manera diferente, ese alguien eres tú.

Al monitorear y gestionar tus registros emocionales de forma adecuada puedes influir en tu propio bienestar y el de tu entorno. Es como darte cuenta de que ése pasa bordo que tienes hoy para un viaje no es el correcto y tomando consciencia que no es el destino al que deseas ir, vayas a la agencia de viajes y cambies el rumbo, en donde la agencia de viaje es tu libre albedrío. Lo importante es que tú mismo lo puedes hacer en cualquier momento, sólo se trata de que decidas hacerlo.

Luego de 20 años de investigación, el doctor David Hawkins[50] entre otros publicó su libro "el poder contra la fuerza", en el cual desarrolló un mapa de la consciencia que en esencia describe el crecimiento consciencia del ser humano y lo calibra con valores numéricos. El problema que él se plantea es explicar la conexión que existe entre la conducta humana y la consciencia, para ello utilizó el descubrimiento de que todos los átomos son energía y que esta energía vibra en una escala. Cada nivel de consciencia está conectado a una conducta humana y en cada uno la energía tiene una frecuencia vibratoria diferente, que como consecuencia atrae materia diferente.

Sus estudios basados en la kinesiología[51] muestran una tabla de calibración de frecuencias cuya escala va de uno (1) a mil (1.000) Hertz (Hz), donde uno es la calibración más alejada de la consciencia humana y mil es el nivel de consciencia más alto que pueda alcanzar un ser humano.

Cada emoción tiene una vibración específica. Cuando vibras en sentimientos de vergüenza, culpa, apatía, tristeza, miedo,

---

[50.] El estadounidense David Ramón Hawkins (1927-2012) fue un destacado psiquiatra, escritor, doctor en filosofía y medicina, investigador sobre la consciencia, conferencista espiritual y místico. https://www.alexrovira.com/soluciones/articulo/david-r-hawkins

[51.] El término kinesiología procede del griego 'kinesis', que significa movimiento, y se pue- de definir como estudio del movimiento. Esta disciplina evalúa el tono muscular y los movimientos de la persona (o los problemas que tiene para realizar un movimiento concreto), con el objetivo de identificar en qué zona del cuerpo se encuentra el problema que produce un desequilibrio al paciente, influyendo negativamente sobre su bienestar físico o emocional. https://www.webconsultas.com/belleza-y-bienestar/terapias-alter-nativas/que-es-la-kinesiologia.

enfado, orgullo o coraje tu frecuencia está entre 20Hz y 200Hz, cuyo intervalo se establece como rango de frecuencias bajas o negativas, en estos rangos tu energía se torna densa, eres fácil de enfermar y generalmente estás rodeado de dificultades o situaciones por resolver haciendo el camino más difícil, de otro lado las vibraciones que se encuentren por encima de 200 Hz son generadas por emociones de neutralidad, bienestar, aceptación, razón, amor, alegría, paz e iluminación y se alinean con fuentes de buena salud y expansión, que atraen situaciones positivas de bienestar en general.

De acuerdo al ritmo y forma como se desenvuelva en la vida hay un nivel de consciencia predominante en cada persona, sin embargo, a veces puede salir de uno y pasar a otro por situaciones particulares, el nivel general de consciencia es la suma de los efectos de todos los niveles en los que vibra. La frecuencia energética de una persona puede afectar la frecuencia de los que lo rodean porque tu propia energía no solamente te afecta a ti mismo sino también a tu entorno, cuando elevas tu nivel de energía además de beneficiarte ayudas a la humanidad y a la energía del planeta, es una tarea individual con resultados colectivos.

Tienes el poder y la autonomía
para que tu cuerpo vibre a tu favor.

A continuación, presento el cuadro de medición de las frecuencias vibratorias humanas elaborado por el doctor David Hawkins, en el que muestra de forma gráfica los diferentes niveles de vibración medidos en Hertz (Hz) que generamos derivados de las emociones que vivimos.

Tablade frecuenciaDr. Hawkins[52]

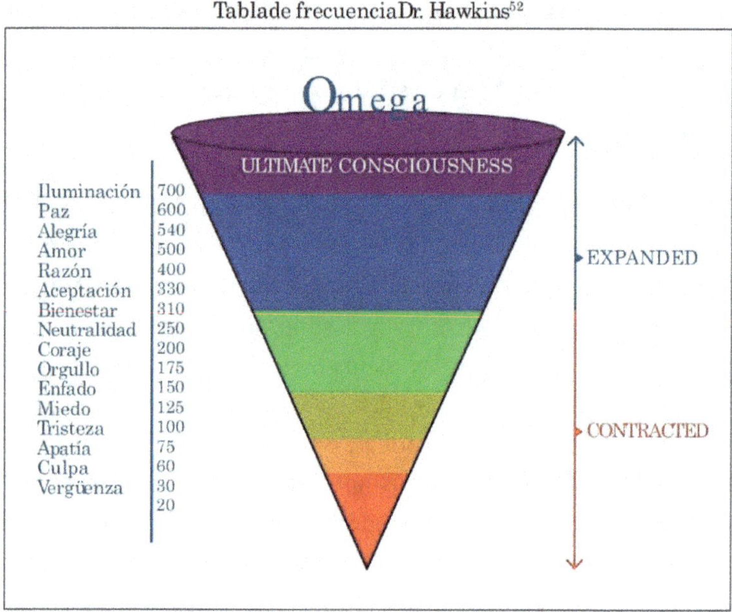

De acuerdo con sus investigaciones concluyó para ese tiempo[53] que el 85% de las personas en el mundo vivían por debajo del nivel del coraje, esto es inferior de 200Hz en la calibración, afirmaba que sus pacientes no hablaban de alegría, amor o paz, sino de dolor, resentimiento y enojo debido a que sus frecuencias vibratorias eran muy bajas.

---

[52]. https://www.tererocha.com/la-escala-de-conciencia-del-dr-hawkins/

[53]. Año de publicación del libro el poder contra la fuerza 2002.

Las características de cada uno de los elementos de la escala de frecuencia emocional en las que se vibra se detallan a continuación:

Vergüenza

La energía de la vergüenza o pena básicamente significa, "nada es suficiente", se pueden agrupar todas tus creencias limitantes como "no consigo amor", "no consigo ganar dinero", "no consigo aprender eso", "no consigo estar tranquilo". Bajo esta frecuencia piensas que no tienes la capacidad, el potencial o el poder suficiente y eso te avergüenza reprimiéndote. En este nivel tus vibraciones de 20 Hz son demasiado bajas, estás energéticamente bloqueado y cuando la vibración permanece constante en el tiempo adquieres una visión de la vida miserable con sensaciones de humillación. En este nivel existe un gran riesgo de contemplar el suicidio o vivir en suicidio pasivo ante la incapacidad de tomar medidas para prolongar la vida en razón a que no se encuentran motivos para continuar viviendo.

En muchos casos la vergüenza es utilizada como una herramienta de crueldad y sus víctimas como los niños que son avergonzados, con el tiempo terminan siendo brutales con los animales y con los demás, su conducta es peligrosa y puede llegar a que cometan crímenes grotescos.

Muchas personas han tenido en algún momento el desafío o el dolor de caer en desgracia, ser desprestigiados o sentirse como un ente sin vida, lo peligroso de este estado es que cuando te sientes en vergüenza "apagas el cerebro" para escabullirte de la realidad deseando ser invisible ante la sociedad. Si en algún momento pudieras haber tenido experiencias tempranas de vergüenza, como abuso sexual o de cualquier otro tipo, lo importante es no permitir la destrucción de tu salud emocional, entiende que los tuviste que vivir como parte de tu evolución y en este momento ya no son necesarios (heridas de la infancia).

Culpa

La culpa es utilizada en la actualidad para manipular y castigar, se manifiesta como remordimiento, recriminación y toda una gama de complejos de víctima. Muchas personas luchan contra la culpa durante toda su vida mientras que otros tratan de evadirla, dominar la culpa conlleva a una preocupación por el concepto de pecado frecuentemente explotado por embaucadores políticos, filosóficos y religiosos, los cuales lo utilizan para la cohesión y el control. Actualmente se está incentivando la culpa cuando los medios y los gobiernos están indirectamente haciendo responsables a las personas por la muerte de un pariente por incumplimiento de alguna norma sanitaria.

Cuando te conectas con la culpa comienzas a adherir con el miedo porque si eres culpable no eres digno de ser amado, "si no soy bueno no me van a querer". Los niños sienten la necesidad de ser amados, cuidados y alimentados por sus padres y cuando el niño es regañado o castigado, esa información se guarda en el subconsciente dándole a entender que cuando él sea culpable de algo no lo van a querer o lo van a querer menos. Cuando se siente miedo se cree que la vida está en peligro y lo puede expresar de tres maneras: luchando, huyendo o paralizándose.

En estado de culpabilidad te sientes un infractor sobre algo que hiciste y vives perturbado generando creencias limitantes. Vibras entre 30Hz y 40HZ, tienes la autoestima muy baja y no te crees merecedor de las cosas y por ello decae la motivación.

Hay que tener cuidado de no caer en sentimientos de culpa cuando te inducen a generar pensamientos o ideas tendenciosas, por ejemplo, cuando la fuerza publicitaria te incita a estar consumiendo de forma permanente y excesiva y en la práctica te están programando a sentirte indigno o infeliz cuando no logres conseguir todo lo que te sugieren.

Apatía

Corresponde a la posición del escéptico generando una visión de la vida desesperanzadora, es el estado de "no creo en nada", "no me importa nada", "nada me motiva". La emoción de los escépticos es baja porque se cierra, se inmuta y se inmoviliza.

La apatía por sus raíces latinas se refiere a la imperturbabilidad del "animus" del alma frente al sufrimiento, esta falta de perturbación se podría considerar como una pieza clave para la felicidad, pero no por la vía de falta de entusiasmo o de motivación manifestado como la indiferencia a todos los aspectos físico, psicológico, emocional, social o espiritual, de la vida del ser humano. Entras en apatía cuando descuidas tu alimentación, no haces ejercicio, no duermes bien, no te vistes correctamente, descuidas tu aseo, esto acorta tu vida, así como la calidad de la misma.

Este nivel es caracterizado por la pobreza, desespero y desesperanza, donde el mundo y el futuro se ven sombríos, la vida es patética, las personas carecen de recursos y energía para aprovechar las herramientas que están a su disposición a menos que la energía externa sea suministrada por personas dedicadas a su cuidado. Inexpresivos con la mirada vacía, sin reacción a los estímulos.

En este estado se vibra a 50Hz. El conformismo de aceptar las cosas postergando las actividades importantes para después genera que un porcentaje muy alto de la población no viva su vida al máximo potencial, sino que se llega al punto de aceptar las circunstancias, teniendo unos estándares de vida muy bajos. Se debe trabajar inteligentemente, haciendo cada cosa con alto nivel, recuerda que no hay progreso donde no hay compromiso de mejora continua con armonía.

Tristeza

Derivada en la mayoría de los casos de una pérdida, separación o situación que no se ha logrado aceptar y en cambio comienza a ser alimentada de nuevos pensamientos de soledad, venganza o desprecio obteniendo una visión de la vida trágica. Se pierde entusiasmo por las actividades de la vida, sobre todo las placenteras. En este estado se vibra a 75Hz.

Este es un nivel de sufrimiento, pérdida y dependencia que la mayoría de nosotros lo hemos experimentado en algún momento, pero aquellos que permanecen en este nivel viven una vida de lamentos y depresión constante. Este es el nivel del duelo, luto y remordimiento crónico por el pasado, es también el nivel de los perdedores habituales y el de los jugadores crónicos que aceptan el fracaso como parte de su estilo de vida, perdiendo oportunidades, amigos, trabajos, etc.

La emoción generada en este estado es de remordimiento que genera desaliento, una forma de eliminar la tristeza es no guardar odio, la tristeza es un enojo contra aquellos que en el pasado nos hicieron daño o, contra las injusticias, contra la pobreza que se han venido reprimiendo. Parte de este estado es la percepción de que lo que se ha perdido es irremplazable, lo cual puede ser cierto en algún momento, sin embargo, no se deben quedar en ese momento porque todas las cosas de la vida tienen un tiempo y un lugar para después irse, inclusive nosotros mismos.

Miedo

En el nivel 100 hz se tiene más energía vital disponible que en los anteriores y puede servir en algún momento si es canalizado correctamente, por ejemplo, los temores a la pobreza, al rechazo o a la enfermedad entre otros pueden servir como motivadores básicos, pero terminan siendo insanos cuando se percibe que el mundo luce peligroso, lleno de trampas y amenazas. El temor es la herramienta oficial favorita de control de las agencias totalitarias opresoras y regímenes manipuladores del mercado.

Cuando no estamos sintonizados con nuestro cuerpo perdemos la estabilidad y sentimos que nuestra vida está siendo amenazada, el miedo viene de un desconcierto básico derivado de la incapacidad para sintonizar la mente con el cuerpo. La mente va por un lado y el cuerpo por el otro, cuando no estas estabilizado con tu cuerpo te caes con un solo manotazo o te hieres con una sola palabra, tienes alterado tu instinto de supervivencia en donde el cerebro reptiliano te incita a defenderte del entorno así no sea necesario. De acuerdo con tu educación y creencias terminas influenciándote negativamente generando variedades de miedos, muchas veces lo utilizamos en nuestro lenguaje, por ejemplo, si tengo mucho dinero tengo miedo que me lo van a querer robar o me vayan a secuestrar o matar por conseguirlo, creando una especie de paranoia.

En el momento que hay un peligro que atenta contra tu supervivencia, lo que sucede es que se "encoge" toda tu energía y con ella tu ADN, teniendo como consecuencia que se viene abajo todo lo que tiene que ver con relacionarse con el medio y entonces se incrementa la adrenalina, en el cual se acelera el tiempo y lo único que logra es poner a todo tu organismo en disposición a sobrevivir, donde resultan las conductas agresivas o retraídas. El miedo genera el encogimiento de tus funciones vitales y tu capacidad de relacionarte favorablemente porque evidente- mente ante el peligro de muerte ningún animal se interesa en conocer a otro animal, mucho menos a ver una flor o a disfrutar del viento, porque el organismo está en modo de sobrevivir.

El temor se ha convertido en una tendencia social y limita el crecimiento de la personalidad. Vivir cultivando el miedo es un peligroso y dañino aliado porque quita tus capacidades creativas, tus dones y tu libertad, las células disminuyen su capacidad para nutrirse porque en ese momento no es urgente que se alimenten, lo que al final deriva en tu propio debilitamiento el cual es innecesario, inapropiado, e injustificado. Los oprimidos son incapaces de llegar a niveles más altos sin ayuda, por esto los temerosos buscan líderes fuertes que aparenten haber sacado sus propios miedos para liberarlos de su esclavitud y a su vez los líderes se benefician cuando la población es más temerosa.

Cuando caemos en la trampa que nos están contando de que hay escasez de trabajo y que si no conseguimos un trabajo nos vamos a quedar sin dinero y no conseguiremos encajar en la sociedad, en ese instante nos volvemos adictos a ser empleados y anulamos nuestro poder de creatividad personal dejando de potencializar los talentos personales porque nunca los utilizamos en la labor a ser contratados. Pensamos que si no nos empleamos vamos a morir de hambre o seremos responsables del hambre de la familia porque no nos va a llegar el dinero para conseguir las cosas, situación que es adherida actualmente para generar pánico en la población.

Cuestiónate si realmente estás explotando y disfrutando tus dones, de hecho, somos los únicos animales que viven para trabajar porque el resto de los animales trabajan para conseguir los nutrientes y luego disfrutan de la vida y lo hacen porque viven sin miedo. Esta es la prime- ra cuestión, el miedo te desconecta de muchas cosas y te imposibilita crear prosperidad y abundancia en tu vida. A pesar de los momentos difíciles rondantes, lo primero es tener una decisión consciente de decir: No voy a vivir desde el miedo, no voy a comprar el argumento de que es necesario que yo me peleé con mis compañeros por un trabajo que es escaso o como consecuencia de la ineptitud de los agentes actuales, voy a creer que hay un universo abundante.

Hay un montón de personas necesitando tus talentos y dones que no explotas por miedo y que hoy las realizas de forma ocasional y actualmente se denominan Hobby. Intenta que tu hobby se convierta en tu sustento y tu estilo de vida borrando el miedo al fracaso. El miedo a fracasar es el asesino número uno de los grandes planes y de las buenas ideas.

Te enseñan a pensar desenfocado para que estés conectado con la escasez, porque de esta manera cuando tengas un trabajo o accedas a una subvención54 lo vas a cuidar de forma tal que aceptes y soportes toda clase de maltratos e inequidad y accedas a lo que sea para trabajar bajo condiciones abusivas y al final haciéndote creer erróneamente que te están cuidando y haciéndote un favor.

---

[54] Cantidad de dinero que se concede a una persona, una entidad o una institución como ayuda económica para realizar una obra o para su mantenimiento, especialmente la que se recibe del Estado o de un organismo oficial. https://es.wikipedia.org/wiki/Sub- venci%C3%B3n

Deseo

En este nivel se encuentra disponible más energía, el deseo motiva muchas áreas de la actividad humana, en especial la economía, los publicistas juegan con nuestros deseos para programarnos con necesidades ligadas a nuestros impulsos instintivos, llevándonos a emplear grandes esfuerzos para tener recompensas específicas. El deseo de dinero, prestigio o poder rige la vida de muchos que no han logrado sobreponer el miedo como su motivación predominante en la vida.

El deseo es también el nivel de las adicciones, en donde los anhelos son más importantes que la vida misma. Algunas personas se vuelven adictas a la aprobación y al deseo de atención, el deseo también tiene que ver con la acumulación y adicción de manera que la satisfacción del deseo se relaciona con obtener más de lo mismo sin lograr nunca la plena satisfacción. El nivel de energía es de 125Hz. El anhelar algo puede iniciarte hacia el éxito sin embargo la clave es hacer las cosas sin apego ya que esto genera adicción.

Enfado

El enojo vibra en una posición de movimiento activa, en este momento hay que tomar acciones, es una posición que brinda oportunidades para tomar acción. En este punto nos encontramos en la fase intermedia de las frecuencias vibratorias humanas, puede ser una reacción constructiva o destructiva.

Cuando las personas se alejan de la apatía y del sufrimiento para sobreponer el temor como forma de vida empiezan a anhelar y este deseo los lleva a la frustración, la cual los lleva hacia la ira como punto de apoyo adoptando una posición de antagonista. La frustración surge como consecuencia de exagerar la importancia de los deseos que puede llevar fácil y equívocamente al odio, el cual tiene un efecto nocivo en la vida de una persona.

Su frecuencia de vibración está en 150 Hz. Es una emoción expansiva que la debes canalizar como motor para redirigir, cambiar cosas con las que no estás de acuerdo, para perdonar, corregir y actuar en lugar de juzgar, reprimir o dividir.

La ira basada en la injusticia social, la victimización o la desigualdad han creado movimientos que han generado grandes cambios en la estructura de la sociedad, pero la ira se expresa en la mayoría de las veces como un resentimiento y venganza y es por lo tanto volátil y peligrosa, la ira es tomada en muchos casos por personas irritables y explosivas que las vuelven demasiado sensibles cayendo así en la beligerancia, por esta razón es importante canalizarla y transformarla en actividad positiva.

Orgullo

Fundamentado por las creencias adquiridas en relación con la propia persona basándose en que es más que los demás, canalizada de forma inadecuada termina generando una carga de desprecio hacia sus semejantes. Es importante entender el orgullo en positivo, comprendiendo que todos somos parte de la fuente original (energía en movimiento y expansión), cuando estás en orgullo vibras a 175 Hz, es el nivel al que aspiran la mayoría de personas hoy en día, en contraste con los campos de energía más bajos las personas se sienten positivas.

El orgullo luce bien, lo sabe, presume y ostenta, está muy lejos de la vergüenza, la culpa y el temor, cuando es utilizado de forma adecuada brinda la energía y la oportunidad para avanzar y dar saltos en la sociedad, generalmente tiene una buena reputación y la sociedad lo estimula, aunque es lo suficientemente negativo, ya que es defensivo y frágil debido al riesgo a la caída cuando no se logra mantener lo adquirido o no se logra avanzar, ya que depende de condiciones externas. El ego inflado es vulnerable al ataque porque puede ser derribado de su pedestal y ser llevado a la vergüenza, el cual es el detonante que enciende el miedo a la pérdida.

El orgullo por su arrogancia y la negación genera división y sus consecuencias son lamentables, muchas personas mueren por falta de humildad representada en el orgullo, casos como la aniquilación por orgullo, llámese nacionalismo, guerras religiosas, terrorismo político y fanatismo, por los cuales paga toda la sociedad.

Todo el problema de la negación se basa en el orgullo ya que este no le permite a la persona aceptar y corregir sus defectos o reconocer y curar sus enfermedades restándole poder.

Coraje

Es un abridor de puertas, en este nivel comienza a aparecer el poder y es un impulso para hacer lo que quieres, esta emoción impregna a las personas a tu alrededor a hacer lo mismo impactando en la vida de los demás. La frecuencia de vibración está en 200 Hz.

Es el nivel del empoderamiento, exploración, logros y determinación. La vida se ve provocativa y estimulante para realizar nuevas cosas y generar cambios aprovechando las oportunidades. El crecimiento y la educación son metas accesibles, existe la capacidad de enfrentar los miedos y defectos del carácter proporcionando una gran oportunidad de crecimiento.

Cuando una persona de alta energía aparece, su presencia hace que el campo magnético de todas las cosas se torne bello y pacífico, pero cuando una persona tiene un montón de pensamientos negativos, no sólo se lastima a sí mismo sino que el campo magnético que la circunda se vuelve pesado, se percibe un ambiente denso y hostil, a tal punto de entristecer una planta, una flor o inclusive llegar a secarla, también logra descomponer aparatos electrónicos y enfermar personas con el tiempo.

A continuación, me referiré a las características de las emociones superiores a 200 HZ que corresponden a vibraciones de frecuencias elevadas o de expansión, las cuales se caracterizan por un ascenso conceptual y espiritual que va trascendiendo la dualidad para abrazar la unidad.

Neutralidad

La energía se vuelve muy positiva porque se posiciona la consciencia, toma posturas rígidas, un impedimento en un mundo cambiante y polifacético que deriva en polarización. Ser neutral significa no estar apegado de los resultados, no se experimenta la derrota y la frustración, es el comienzo de la confianza interior. Las personas en este nivel no están impulsadas a demostrarle nada a nadie y se tiene la capacidad de vivir en el mundo con un nivel de seguridad confiado, no están interesadas en el conflicto y es fácil asociarse con ellos, son imperturbables emocionalmente, le dan importancia a la libertad y son difíciles de controlar. La neutralidad goza de un nivel de 250Hz.

Voluntad

Se aprecia a partir de un nivel de 310Hz, las personas que vibran continuamente bajo esta frecuencia son perfeccionistas, el crecimiento es rápido, la voluntad implica romper resistencias, son genuinamente entusiastas, amistosas y el éxito los sigue, no se atormentan en situaciones de desempleos ya que son creativos y tienen el poder de levantarse rápidamente ante una adversidad. Son útiles a los demás y contribuyen al bienestar de la sociedad, la autoestima es alta y son reconocidos y apreciados. Las personas voluntarias construyen en favor de los demás.

Aceptación

En este estado se tiene un nivel de consciencia lo suficientemente elevado como para comprender que uno es el creador y el responsable de las experiencias que vive. Se distingue por la capacidad de vivir en armonía con las fuerzas de la vida. Este punto es clave para recuperar el poder personal. Recuerda no confundir aceptación con resignación. En este nivel se aparta de juzgar entre lo bueno y lo malo concentrándose en la solución de aquellas circunstancias en las que se pueda dar apoyo. Su nivel es de 350 Hz.

Razón

La inteligencia y la razón emergen cuando se trasciende la emotividad de los niveles más bajos, toma decisiones rápidas y concretas, es el nivel de la ciencia y la medicina no manipuladas, la comprensión y la información son las herramientas principales para la realización personal, nivel de grandes estadistas y científicos, autores de grandes libros. Es altamente efectiva en un mundo técnico, sin embargo, se convierte en un obstáculo para lograr alcanzar mayores niveles de consciencia por su excesiva racionalidad. Nivel de frecuencia 400Hz.

Amor

Es una categoría emocional intensa, incondicional, inmutable y permanente, es un estado del ser que emana del corazón y por lo tanto reduce su intelectualidad dualista, por ello no depende de los factores externos y por tanto su motivación es pura. Es la forma de relacionarse con el mundo con compasión, cariño y comprensión. Su frecuencia vibratoria es de 500Hz. Es global y no toma partidos de donde es posible ser uno con el otro, es inclusivo y se centra en la bondad de la vida.

Es el objetivo de la felicidad, se estima que solo el 4% de la población mundial alcanza este nivel de evolución de consciencia y se acompaña de la liberación generosa de endorfinas del cerebro. Cuando vibras en el amor, tus células se relajan, tu cuerpo se amplía, el campo electromagnético de tu corazón se expande y es como si creciera, aumentan tus dones y capacidades para relacionarte con el entorno y disfrutarlo, tu ADN se "estira".

Cuando vas a una academia de conducción, el profesor te enseña y luego de ello, ¿qué es lo que sigue? Hacerlo tú mismo por tus medios. Con el amor es similar, debemos amarnos a nosotros mismos y soltar las cadenas de dependencia con los demás, ayudando en el momento que se requiera y luego soltando. Cuando niño vives feliz porque amas, eres amado, te sientes amado y ninguna de estas situaciones tiene precio, cuando creces empiezas a confundirte cuando miras el ejemplo de la sociedad y ves que el amor tiene intercambio, que el amor tiene precio, se maneja como una mercancía y muchas veces buscamos a las otras personas no porque las amamos sino para que nos amen.

En lugar de pensar en cómo conseguir amor empieza a ofrecerlo. Si das recibes, no existe otra forma.

Osho

Nelson Mandela en su discurso como presidente de Sudáfrica dijo: El ser humano no le tiene miedo a la oscuridad, el ser humano le tiene miedo a su luz, el amor es nuestra naturaleza y nuestra luz, el miedo es nuestra creación y entonces estamos más cómodos con el miedo. El amor es luz y todos los derivados del miedo son oscuridad.

Recibes lo que das. No puedes dar lo que no tienes, entonces si pretendes recibir amor, comienza por darlo, para ello empieza a quererte tú mismo(a), amarte tú mismo(a), ser bondadoso(a) contigo mismo(a), respetarte a ti mismo(a), con empatía y sin egoísmo, entendiendo que no eres el centro del mundo, pero sí el centro de ti mismo.

> *El amor se construye entre seres enteros, no entre dos mitades que se necesitan para sentirse completos.*
>
> Jorge Bucay

Alegría

Cuando el amor se vuelve incondicional brota la alegría interior, es una compañía constante que surge de cada momento de la existencia y no de fuentes externas. Su visión de la vida es completa y su nivel vibracional es de 540Hz. Es un estado en que la persona comienza a ser muy sensible y a tener buen funcionamiento de sus actividades somáticas y psíquicas, en esta parte es muy importante el concepto de vivir bien procurando ser feliz.

Mediante la sonrisa se genera una expansión que produce un movimiento de adentro hacia afuera, la risa te hace simpático[55] y empático[56].

---

[55]. La simpatía es un sentimiento generalmente instintivo de afecto o inclinación hacia una persona o hacia su actitud o comportamiento, que provoca encontrar agradable su presencia, desear que las cosas le salgan bien, etc. Manera de ser y actuar de una persona que la hacen atractiva y agradable a las demás. https://definicion.de/simpatia/

[56]. Empatía es el sentimiento o participación afectiva de una persona en una realidad ajena a ella, generalmente en los sentimientos de otra persona. Sentimiento de identificación con algo o alguien. https://definicion.de/empatia/

La sonrisa cuesta menos que la electricidad y da más luz, es el idioma de las personas más inteligentes, por ello mira a los ojos, sonríe y da gracias a la vez. Deja que tu sonrisa cambie el mundo y jamás permitas que el mundo borre tu sonrisa.

Hay que reír, no se puede confundir la seriedad en el trabajo ni el nivel de concentración con el estado de ánimo en el momento de la realización de la tarea. Por ejemplo Catherine Ibargüen, la más importante atleta Colombiana en salto largo y ganadora de la medalla de oro en los juegos olímpicos de 2016, cada vez que iba a realizar un salto que le demandaba el máximo esfuerzo y concentración, en lugar de fruncir el ceño o tener una actitud seria o indiferente como es acostumbrado observar en muchos deportistas, emanaba una sonrisa cálida y pidiéndole al público que la animara, colmaba de energía positiva el ambiente coadyuvando al logro de sus objetivos e irradiando un ambiente cargado de energía positiva y bienestar.

Lleva una sonrisa y tendrás amigos.
Lleva el ceño fruncido y tendrás arrugas.

Paz

Este campo de energía está designado por experiencias como trascendencia y autorrealización, no hay punto de enfoque específico de la percepción. Este estado de éxtasis imposibilita la actividad ordinaria, algunos se vuelven maestros espirituales, otros trabajan de forma anónima para la mejoría de la humanidad y su nivel vibracional es de 600Hz.

Iluminación

Es el nivel de consciencia más alto conocido en el ser humano, asociado con la divinidad, con inspiración poderosa de personas que han aportado grandes campos de energía que han influido a la humanidad. Hay plena identificación del ser con la consciencia universal. Su nivel vibracional está entre 700 y 1.000 Hz. Es la cúspide de la evolución de la consciencia en el ser humano. En este nivel de realización el sentido de la existencia propia trasciende todos los tiempos y toda la individualidad, el cuerpo es sólo una herramienta de la consciencia, es el nivel de la no dualidad o plena unicidad.

Elevar tu frecuencia

Una vez estudiados los diferentes estados de consciencia y para conocer el tuyo sólo hace falta ver el espejo de tu realidad de vida, porque lo que eres se ve reflejado en lo que te rodea, en las cosas materiales, situaciones que se presentan y relaciones que tienes con los demás. Fíjate en qué frecuencia estás vibrando y comienza a trabajar en lo que consideres se debe corregir.

Piensa en las influencias más importantes que te rodean y su impacto en tu nivel vibracional, por ejemplo, puedes estar inicialmente vibrando en el nivel de aceptación y luego leer un libro y sentirte con esto más inspirado y pasar a vibrar al nivel de la razón. Recuerda que la mayoría de los medios informáticos televisivos, radio, prensa y demás como redes sociales que existen en la actualidad, por los formatos de rating que manejan terminan generando en el público el fomento de niveles de vibración de miedo y de deseo.

De acuerdo con los conceptos analizados en este capítulo[57] observa con atención la información que recibes, los pensamientos que tienes y has una lista de las actividades que realizas y luego pregúntate lo siguiente:

¿Con qué nivel de frecuencia me identifico en la mayor parte

del tiempo?

¿Cómo actúo cuando estoy bajo presión?

¿Qué actividades realizo cotidianamente?

¿Qué actividades elevan mi frecuencia vibracional?

¿Qué actividades bajan mi nivel de frecuencia?

¿Cuánto tiempo le dedico a recibir información tóxica que me

baja el nivel de energía?

[57.] Gran cantidad de estos conceptos fueron apoyados de: ¿cómo saber cuál es tu nivel de consciencia? Dr. David Hawkins. https://youtu.be/Yplxa2OHgl4

Con la información estudiada en este capítulo y la realización de tu proceso de interiorización ya tienes muchos insumos para comenzar a trabajar. Ahora toma los resultados obtenidos y comienza a mantener elevado tu nivel de consciencia en todo momento, para ello vuelve a revisar y lo más importante, comienza a trabajar en la práctica de todos los aspectos estudiados en los capítulos anteriores relacionados con el manejo de la respiración, alivianar cargas, soltar, alimentación balanceada, actitud, etc., todos ellos basados en trabajar tu amor propio con responsabilidad, aceptación, respeto, libertad y confianza te ayudarán mucho.

CAPÍTULO V

<u>Cómo percibimos la realidad</u>

Podemos en muchos casos centrar nuestra atención en las cosas materiales, buscando cubrir las necesidades primordiales: en primer lugar las fisiológicas, en segunda instancia las necesidades de reconocimiento, finalmente las de autorrealización y para ello gastamos la mayor parte de nuestras vidas distraídos en trabajar consiguiendo dinero, convirtiéndonos en lo que hacemos y no en lo que somos, haciéndonos creer equivocadamente que el cuerpo, la mente y el espíritu son cosas separadas y por lo tanto distintas.

Recibimos variedad de mensajes los cuales son captados mediante estímulos que son procesados por la mente, sirviendo de conector entre el estímulo recibido y la información que tenemos en el consciente y subconsciente, dentro de estos procesos cognitivos tenemos una variedad de percepciones, tales como visuales, olfativas, espaciales, auditivas, táctiles, térmicas, gustativas, del equilibrio, del tiempo y hasta del campo magnético.

Las sensaciones son los estímulos del exterior captados mediante los órganos de los sentidos, los cuales se convierten en percepción cuando los interpretamos dándole un significado, sin embargo, esta idea en el momento que estás observando está influenciada por programas, creencias, ideas y otras formas que influyen en la forma de entender la realidad y afloran en el momento en que percibes algo, hacienda que los sentimientos y pensamientos vayan creando tu propia realidad.

En el caso de los estímulos visuales, los fotones viajan y rebotan por los campos electromagnéticos de los objetos que llegan a tus ojos y haces la lectura del elemento, en este momento estás leyendo un campo de energía[58]. Por ejemplo, cuando una persona recibe la información visual de una rosa, el mensaje es procesado por el cerebro, el cual lo compara con la información que tiene archivada en el subconsciente y al hacerlo genera una decisión representada en forma de emoción, la cual si la persona tiene recuerdos agradables de una rosa, tales como amor o felicidad, en ese momento la persona genera una sensación de agrado por lo observado, de otra parte si la persona tiene información desagradable de una rosa como en el caso de una situación de enfermedad o duelo por la pérdida de un ser querido, en ese caso la persona generará una emoción de desagrado.

La rosa es la misma en ambos casos, sin embargo, la reacción diversa corresponde al proceso de confrontación generado por el subconsciente y del análisis de la persona dependiendo del nivel de atención que tenga en ese preciso instante. Si recibes la información de forma consciente puedes administrar el sentimiento derivado del cotejo del mensaje. La clave del proceso consiste en estar atento a la emoción inicial sugerida, y en caso de que el resultado sea una emoción desagradable, entonces mediante el libre albedrío generar un nuevo juicio consciente y autónomo que no derive en emociones tóxicas, sino generando de forma consciente una

---

[58]. Energía lumínica–fotones.

nueva información que transforme el sentimiento negativo que guarda tu inconsciente en algo positivo.

Es muy importante para tener un pensamiento libre apartarse del juicio, respetando y tolerando, en lugar de criticar o sufrir, esto porque cada ser humano está en diferente nivel de experiencia y comprensión.

Cuando juzgas te ubicas en la posición de lo malo en confrontación con lo bueno, entonces comienzas a vibrar bajo, por ejemplo, cuando tienes la creencia que el consumismo es bueno te esclavizas a trabajar y consumir no es malo ni bueno, solamente es necesario para subsistir, de donde enfócate en consumir sólo lo que necesitas, ni más ni menos. Sé constante trabajando tu objetividad y apartando juicios, puede que los resultados no se den con la rapidez que te gustaría, ten paciencia, sin prisa, pero sin pausa. Sin paciencia es fácil que renuncies a tus objetivos ante el primer imprevisto.

El poder del pensamiento

Los pensamientos son el lenguaje del cerebro y los sentimientos el lenguaje del cuerpo. Direcciona tu vida a través del pensamiento, si controlas tu mente controlas tu vida. En el momento en que pienses y sientes de forma equivalente esta alineación creará en ti los cambios que tú mismo determines. Si estás procesando pensamientos cargados de emociones de eventos pasados o de expectativas que aún no suceden, estás distrayendo los actos y procesos físicos, mentales, emocionales y espirituales que se están dando en este momento. Concéntrate permanentemente en el aquí y ahora que hemos estudiado anteriormente.

Como son tus pensamientos son tus decisiones y con ellas tus acciones.

Todo pensamiento tiene una causa y un efecto, ten cuidado con la calidad y cantidad de los pensamientos que generes, la energía que emanas con tus pensamientos emite una frecuencia que viaja por el universo y retorna al origen. Por ejemplo, cuando estás pensando "odio este carro" probablemente lo que quieres es un carro nuevo, sin embargo, al pensar o decir esta afirmación le estás diciendo a la vida que no quieres lo que tienes y con esto estás llamando a la carencia y no la abundancia[59].

Desde el primer momento que naces se conecta la respiración con el latido de tu corazón, tus emociones y tus pensamientos.

---

[59] Louise hay. Usted puede sanar su vida.

Los pensamientos generan reacciones que actúan y afectan a tu organismo y tu vida, conforman tu mundo y la calidad de vida se reduce a la riqueza o no de tus pensamientos. En un día normal tienes entre sesenta mil y noventa mil pensamientos, de los cuales el noventa por ciento de éstos son iguales o equivalentes a los del día anterior.

Todo lo que somos es el resultado de lo que pensamos.

Buddha

Los seres humanos transmitimos sensaciones y además captamos las que emiten los demás. Tal vez creas que eres responsable únicamente de lo que haces, sin embargo, también eres responsable de lo que piensas. En cada lugar que pones la atención estás activando un punto determinado del cerebro, y con ello estimulando un lugar físico en tu cuerpo, generando patologías y somatizaciones, de esta forma se almacenan los recuerdos (rutas metabólicas), el metabolismo es el conjunto de reacciones bioquímicas y procesos que ocurren en los organismos de manera química y física, estos complejos procesos interrelacionados son la base de la vida a escala molecular y permiten diversas actividades de las células, tales como crecer, reproducirse, mantener sus estructuras y responder a estímulos entre otros.

Estamos rodeados de un mundo de información acelerada y confusa, que genera una crisis de estado de ánimo y nos lleva a tener una serie de pensamientos inadecuados que comienzan a dominar nuestro diálogo interno, el dialogo interno determina nuestra calidad de vida, comienza a sincronizar tú mismo esta perfecta máquina, esto es cuerpo, mente, espíritu.

No pienses para el prójimo lo que no quieras que piensen para ti.

La mente no distingue entre lo que estas imaginando y lo que estas experimentando, si piensas y te imaginas tener unas gotas de limón derritiéndose en tu boca empiezas a tener reacciones fisiológicas que generan tu salivar, de igual forma cuando piensas que la vida es difícil, que no eres bueno, esos pensamientos generan reacciones fisiológicas que actúan y afectan tu organismo y tu vida.   Existen miles de reacciones que se desencadenan cuando tú piensas que la vida es difícil, que no hay suficiente para todos, que la vida es escasa y que no eres afortunado, esas reacciones fisiológicas van a actuar sobre todo tu organismo.

Lo que eliges creer y pensar
es lo que está creando tu futuro.

Creer es Crear.

Observa con rapidez y atención cuando tus pensamientos estén en desacuerdo con la realidad, nadie quiere que se vare su auto, nadie quiere enfermarse, pero cuando estas cosas ocurren, ¿de qué sirve discutir? Si discutes con la realidad sientes dolor y frustración. La mente no tiene límites y a veces la usas demasiado y esto te genera cansancio mental con consecuencias físicas. El cansancio físico es fácil de solucionar porque se puede remediar hidratándose, comiendo bien y durmiendo, mientras que el cansancio mental te confunde.

El excesivo flujo de pensamientos produce cansancio mental y con ello un desgaste energético innecesario. Descansa tu proceso mental cambiando de actividad y dejando atrás la programación rigurosa de tiempos, objetivos y metas rigurosas en las que te exiges demasiado a obtener resultados y la no consecución de los mismos se convierte en la base de tu propio estrés al vibrar en sentimientos de frustración por lo no conseguido.

Disfruta la actividad de cada momento, sin importar si llueve o hace sol, si tienes que caminar o montar en tren, solamente disfruta el paisaje y la actividad que realices a cada instante.

Las emociones

La emoción es la gasolina del deseo y se convierte en el termómetro que indica lo que estas materializando ahora mismo. No hay emociones buenas ni malas. Las emociones en el fondo te están diciendo cuál va a ser tu próxima realidad en el mundo. Con desear, querer, saber o pensar no basta, inicia poniendo la emoción adecuada a lo que haces para que la energía sea conducida apropiadamente. Siente la emoción del momento, pero siéntela con consciencia, el desafío consiste en que si te hace sentir mal debes trabajar inmediata y conscientemente en superarla y transformarla lo más pronto posible.

Cuando las emociones entorpecen la concentración queda paralizada la memoria activa, que es la capacidad de retener en la mente la información que concierne a la tarea que estás realizando, entonces no puedes pensar correctamente, por esto hay que buscar una rutina de entrenamiento constante para que no pierdas la concentración. Dale espacio y tiempo, la respiración consciente te ayudará a enfocarte.

De acuerdo con las costumbres se crean los hábitos. Mucha gente está condicionada a creer que solamente el médico es la autoridad para sanar y que los medicamentos son la única solución posible, dejando atrás el maravilloso poder y autoridad que tu propio cuerpo tiene para sanar. Cuando una persona empieza a tomar una pastilla o una sustancia y relaciona esa pastilla con la posibilidad de mejorar, tarde o temprano tiene una imagen mental de su mejoría y eso se llama intención aplicada, se emocionan, sienten entusiasmo, inspiración y en el momento en que crean una intención clara con una emoción elevada, crean un cambio efectivo a partir de ese momento.

Si haces algo que va contra ti y te daña, en ese momento el sistema te envía un aviso de inconformismo y cuando haces algo saludable el sistema te lo aplaude. Tienes la capacidad de percibir cuándo el otro te lastima, sin embargo, muy a menudo no te fijas cuando tú mismo te haces daño. Para poder transmutar tus emociones, crecer y así cumplir con el aprendizaje, identifica la emoción, acéptala y deja de huir. Vienes a aprender con responsabilidad, cuando interpretas algún suceso como pecado empiezas a vibrar en sentimientos de culpa y vergüenza que no te aportan.

Cuando dices no en la vida caprichosamente, terminas resentido y con ira, pero la ira no es el problema, la ira te está diciendo que no has aprendido la lección, el aprendizaje es antónimo de sufrimiento y lo estás convirtiendo en sinónimo. El resultado depende de la forma como trates y manejes tus emociones. Eres tú el que manejas tus emociones y no al contrario. Por ejemplo: ¿Eres delgado o te sientes delgado? Si te sientes así de esa forma tu cuerpo comienza a vibrar. Tu peso no determina tus emociones, son tus emociones y actuaciones las que regulan y terminan determinando tu peso.

Ten consciencia de lo que dices, cada palabra debe ser consciente, por ello siempre habla de lo que deseas en lugar de lo que temes, muchas veces no lo haces por miedo a sufrir porque no se cumpla o por temor a la burla de los demás.

*La vida no es como te la pintan
es como tú la coloreas.*

Las creencias

Cuando estás en el vientre materno estás en la fuente, no necesitas nada, lo tienes todo, vives en bienestar. Cuando naces comienza el proceso de instrucción mental. Cada pensamiento comienza a verse influenciado por tus creencias, las cuales crean una ondulación, ellas determinan la frecuencia con la que está trabajando tu ser energético influenciado por tus pensamientos, este fenómeno se denomina resonancia.

Una creencia es información recibida en la cual tú interpretas cómo te ves a ti mismo, a los demás, al entorno, la sociedad y determinas la forma de actuar ante cualquier situación o estímulo. Cada persona tiene creencias diferentes y se convierten en elemento fundamental de la personalidad. Toda esta información queda grabada en la mente subconsciente el cual al ser procesada cumple las siguientes premisas:

- La mente subconsciente no emite juicios.
- Acepta todo lo que digamos.
- Crea de acuerdo con nuestras creencias.
- Ella nos da lo que declaramos.

En el ejemplo de la rosa, la mente subconsciente envía a la mente consciente la información que tiene acumulada, sin embargo, las decisiones alternativas son solo tuyas, es tu libre albedrío. Si prefieres creencias y conceptos de pobreza, si piensas que no eres digno o lo bastante bueno o que no lo mereces entonces así se dará.

Hemos caído en el juego que nos han puesto de reprogramarnos en el miedo, la duda, la limitación, el estrés, la pena, el odio, la indefensión, fíjate a lo que nos está llevando actualmente esta programación a la humanidad en general. Prográmate para producir todo lo contrario y así liberar creencias limitantes, bloqueos y traumas, piensa en grande, piensa en positivo, en valores y en respeto.

Puedes aprender por discernimiento
o por sufrimiento. Tú eliges.

Hay que dejar de ser voluble de forma mecánica, cambia el papel de ser la victima de las circunstancias a ser el actor de tu vida, siendo honesto contigo mismo. Hay miedos sanos que garantizan tu supervivencia, sin embargo, cuando alimentas miedos momentáneos que dejan de tener sentido con el tiempo limitan tu vida. Esos miedos hay que confrontarlos y eliminarlos porque la cantidad de energía que inviertes en tu entorno con las conexiones y vínculos son grandes, sientes y generas emociones que derivan en proceso de desgaste de energía, cuando la sepas administrar podrás obtener equilibrio homeostático60. Por esto a través de pensamientos adecuados tienes más fuerza para sanar que mediante las mismas medicinas. Deja de ser susceptible de forma mecánica y comienza a hacerlo de forma responsable. Cambia de ser la víctima de las circunstancias a ser el actor de tu vida.

<u>Las ondas cerebrales</u>

La vibración del cuerpo está estrechamente relacionada con el nivel de las ondas cerebrales. El cerebro produce impulsos eléctricos que viajan a través de las neuronas, los impulsos producen ritmos que son conocidos como ondas cerebrales, gracias a estos movimientos energéticos las células del cerebro se comunican y están activas todo el tiempo, incluso cuando duermes, son información que viaja de neurona en neurona (redes neuronales) haciendo uso de cientos de miles de ellas para lograr transportarse y ejecutar una función determinada.

Desde la invención del electroencefalograma (EEG)[61] se han producido numerosas investigaciones en las que estudió la actividad y la relación entre las ondas cerebrales y los diferentes estados de consciencia. Los patrones de ondas cerebrales se relacionan interactivamente con estados de consciencia diferentes tales como concentración intensa, estado de alerta (despierto), sueño profundo, sueños vívidos, somnolencia, relajación, hipnosis, estados alterados de consciencia, etc.

A través de nuestra mente creamos el mundo en el cual nos movemos, es importante conocer cómo se comporta para aprender a manejarla bien, de forma que nuestros pensamientos siempre estén enfocados en positivo apoyados en el uso correcto del libre albedrío.

[60.]   La tendencia a mantener un ambiente interno estable y relativamente constante se llama homeostasis. https://es.khanacademy.org/science/high-school-biology/hs-hu-man-body-systems/hs-body-structure-and-homeostasis/a/homeostasis

[61.]   Es un estudio que detecta la actividad eléctrica del cerebro mediante pequeños discos metálicos (electrodos) fijados sobre el cuero cabelludo. https://www.mayoclinic.org/ es-es/tests-procedures/eeg/about/pac-20393875.

Por medio de la mente se reciben los estímulos que gobiernan las células de nuestro cuerpo, una gestión adecuada te llevará a estar sano y fuerte, en alerta y así lograr permanecer en estados vibracionales elevados. Cuando tienes una mente sana, consciente y despierta tendrás un cuerpo sano. Las ondas cerebrales se miden y clasifican en cinco niveles, según su frecuencia en Hercios o Hertz (Hz), los cuales miden el número de veces que fluctúan las ondas durante un segundo, esto se llama la frecuencia cerebral.

Los niveles de onda conocidos son:

Nombre	Frecuencia de onda
Delta	Entre 0.5 y 4 Hz
Theta	Entre 4 y 8 Hz
Alfa	Entre 8 y 14 Hz
Beta	Entre 14 y 30 Hz
Gamma	Entre 30 y 100 Hz

Los niveles gamma, beta y alfa se manifiestan en tu estado consciente, mientras que theta y delta generalmente se manifiestan en estado inconsciente, a continuación, se describirán partiendo de la mayor a la menor frecuencia de onda.

• Gamma: Hasta ahora ha sido difícil registrar por los encefalogramas estas ondas, y por tanto ha sido complejo su análisis. Están relacionadas con una gran actividad mental que puede incluir repentinas experiencias de percepción e intuición y momentos de extrema atención, también estas frecuencias cerebrales se encuentran vinculadas a estados histéricos y pérdida de control de la personalidad, agresividad, pánico, ira, que pueden ser ocasionados por ruidos y situaciones extremas como sonidos de ambulancias, gritos, música a niveles altos, insultos, crisis, saturación de noticias incendiarias, agresiones físicas, etc., estados alterados que surgen como consecuencia del torrente de adrenalina que segrega el cuerpo en esos momentos.

• Beta: Frecuencias altas que surgen como resultado de una actividad neuronal intensa en actividades cotidianas en las que pones toda tu atención, tales como conducir, presentar un proyecto, hacer un examen, etc. Predomina la acción consciente sin prescindir del proceso de pensar.

• Alfa: Predomina el proceso de pensamiento sobre el de la acción, es el intermedio donde hay calma, pero no hay sueño, en este plano comienzas a entrar en el mundo sutil dejando de lado la actividad del cuerpo físico. Cuando estás pensando, reflexionando o descansando sin dormir, en estado de recogimiento entras en tu mundo interior en el cual no estás limitado por el espacio o el tiempo. Utilizas la imaginación y la visualización.

• Theta: Está más relacionado con las capacidades imaginativas, con la reflexión y el sueño, estas ondas suelen mostrar una elevada actividad cuando experimentas emociones muy profundas. Este tipo de onda se manifiesta generalmente en el instante en que terminas una actividad física muy fuerte, te relajas, sueltas y dejas volar tu imaginación.

• Deltha: Son muy habituales en los bebés y niños más pequeños, este es el nivel de la inconsciencia casi total con el mundo externo, en este punto hay una desconexión, son las que tienen menor frecuencia, pero mayor amplitud de onda y se relacionan con el sueño profundo, podemos saber que la mente está activa, pero no se puede saber qué actividad está realizando. Un nivel adecuado de ondas delta favorece y cuida el sistema inmunitario.

El cociente intelectual

El cociente intelectual fue empleado por primera vez en 1912 y es conocido por muchos como coeficiente, es un estimador de la inteligencia general resultado de test estandarizados realizados para este fin. Considero que el cerebro humano es demasiado complejo como para medirlo bajo un solo criterio o factor, sin embargo, muchos opinan que tiene gran valor predictivo en términos de rendimiento académico o laboral. La inteligencia académica no ofrece fortaleza ni da la garantía del todo para asumir o resolver los desafíos, tampoco el aprovechar adecuadamente las oportunidades que te da la vida. Según estudios descritos en las obras de Daniel Goleman el coeficiente intelectual participa tan solo en el veinte por ciento de los factores que determinan el éxito de las personas en la vida, de donde el ochenta por ciento restantes es tarea exclusiva del individuo, por esto tener un elevado cociente intelectual no te asegura un desempeño feliz y exitoso en la vida. En el colegio o Universidad el enfoque busca que te conviertas en un ser lógico, frío y calculador, dejando de lado la intuición y te conviertas en un elemento productivo que no genere problemas al engranaje social y empresarial vigente.

Es importante que no te sientas afectado por ocasión de cualquier calificación de ese tipo, cuanto más domines tus pensamientos y tengas mayor confianza en ti mismo mejor te sentirás y atraerás más cosas que te ayudarán a sentirte realizado, tener mejores relaciones interpersonales y llevarte a zonas de triunfo, porque un sentimiento positivo es la señal que emites al universo y atraes más de lo mismo hacia ti.

Trabaja de forma disciplinada y permanente en tener siempre la suficiente capacidad de controlar las emociones, enfrentarse a las decepciones y llevarse bien con las otras personas.

En la actualidad se han establecido ocho tipos de inteligencias que cada persona desarrolla de forma diferente así:

- ✓ Inteligencia lógica matemática: Cuando la habilidad se centra en los cálculos aritméticos.

- ✓ Inteligencia visual espacial: Cuando necesitan ver una imagen global

- ✓ (mapa mental).

- ✓ Inteligencia kinestésica: Cuando tienen que moverse, que tocar, manipular y sentir el objeto físicamente.

- ✓ Inteligencia musical, personas que les es más fácil la información escuchando.

- ✓ Inteligencia interpersonal: Personas que para entender necesitan tener conexión con otro ser humano.

✓ Inteligencia intrapersonal: Personas que para poder comprender han de reflexionar.

✓ Inteligencia naturista: Personas que para que se abra la ventana del conocimiento tienen que estar en contacto con la naturaleza.

✓ Inteligencia trascendental: Cuando necesita ver un propósito en las cosas.

Por esto no tiene sentido que el aprendizaje esté basado en la coacción, debe estar basado en la libertad y las ganas de aprender de acuerdo con las habilidades propias de cada persona para obtener conocimiento.

Los hábitos

Las emociones tienen la capacidad de modificar tus células, cuando tienes una emoción determinada el hipotálamo genera péptidos, que son cadenas de aminoácidos, los cuales a través de la glándula pituitaria son llevados al torrente sanguíneo, irrigan y alimentan tu célula y los receptores son los encargados de recibir los nutrientes. Cuando tienes una emoción negativa o de cualquier tipo durante mucho tiempo las células al replicarse generan más receptores para esa emoción específica. Las células tardan siete días en replicarse, y al regenerarse las nuevas inconscientemente empiezan a buscar eventos que alimenten el estado de ánimo.

El noventa y cinco por ciento de lo que dices y piensas hoy es lo mismo que pensaste ayer. La repetición crea hábitos y estos a su vez creencias en el subconsciente, por esto te puede haber resultado complicado al principio comenzar tu proceso de limpieza emocional, por la inercia de tus pensamientos, pero no te preocupes, ocúpate de tus pensamientos y dale tiempo al proceso de mejora.

La célula tarda siete días en replicarse, si durante ese lapso has mantenido un estado de emoción negativa como depresión o cualquier tipo de emoción negativa fomentas este tipo de adicciones de manera continua, haces que tus células te pidan constantemente estados emocionales similares y así te vuelves adicto a esas mismas emociones generando ataduras o dependencias. De la misma forma que el consumo de sustancias como el tabaco y el alcohol, te vuelves dependiente de consumir un determinado tipo de sustancia o cosa. Por lo tanto, si tienes una adicción celular asociada a la tristeza, eso va a provocar que, a lo largo del día, aunque no quieras de forma inconsciente busques y atraigas cosas que le generen a tu cerebro esa misma tristeza.

Activa estados de emociones positivas y amorosas, es una cuestión de hábitos. Según estudios de inteligencia emocional en sesenta y tres días reprogramamos el cerebro. Son tres procesos de veintiún días que corresponden a tres semanas de siete días. Así se arraigan formalmente los hábitos. La disciplina se acompaña de ideas, hábitos, creencias y todas las acciones enfocadas.

Piensa de forma positiva en aquellas cosas que te gusten y trata de mantener esa emoción de manera continua por lo menos durante siete días y así subsecuentemente hasta lograr veintiún días, de esta forma tus propias células paulatinamente comenzarán a pedirte más emociones positivas, en lo posible realiza tres ciclos de veintiún días hasta completar sesenta y tres días.

Es posible que hayas tratado de alcanzar tus objetivos demasiado rápido mediante una planeación rigurosa e inflexible, sin embargo, hay un tiempo para todo y cuando te exiges sin convicción como resultado obtendrás que te canses rápidamente.

La técnica Kaizen se originó en Japón. La palabra contiene dos raíces: KAI que significa cambio y Zen sabiduría. Empieza de forma paulatina pero continuamente por periodos cortos y después prolóngalos, sin excusas, sin dudas. De manera que no se vuelva algo desagradable, sino que te traiga alegría y motivación teniendo sensaciones de victoria y éxito.

¿Qué hacer? durante un día trata de mantener de manera continua en tu mente emociones agradables y retenlas por un tiempo determinado, fomentando estados de emociones positivas comienzas a controlar con firmeza tu mente emocional, para ello fomenta el crear y mantener pensamientos de ganador de manera que se generen tendencias. Has que pienses que se puede, has que sientas que el éxito es tuyo, has que hables de éxito como un hábito, como un estilo de vida.

Las formas educativas están enfocadas a educar para tener consciencia de tus limitaciones y no de tus potenciales, dentro de las conversaciones diarias has el ejercicio de escuchar el enfoque de las charlas en general y te darás cuenta de que se concentran en la crítica y el miedo, en el "esto debería ser así" y en culpar a todos de los problemas, es más fácil hablar y generar crítica que dar ejemplo y proponer soluciones reales.

El único poder creador o destructor
de las palabras es el que tú le otorgues.

La misión de vida

Es tarea propia entender la misión específica por la que viniste a este mundo. No existen misiones imposibles sino misiones incomprendidas. Tu misión es aprender a amar aquello que llega a tu vida descubriendo qué es lo que está trayendo, entendiendo que eso te ha llegado para trascender. La misión de vida son las cosas que viniste a aprender, las vivencias necesarias para progresar y que están acorde con el nivel evolutivo que tengas en el momento en que vienes al planeta tierra, no se refiere exactamente al proceso de estudios académicos, el universo te da una misión acorde a lo que puedas conseguir.

El punto de partida es reconocer la situación que estás viviendo actualmente, luego descubrir qué mensaje te está trayendo, aceptarla y entenderla, sin importar si es o no agradable, posteriormente soltarlo, el desafío que vives te está dando un mensaje importante que tienes que sacar a la luz. Es como un iceberg escondido debajo del agua y que tienes que descubrir para luego sacar y la única manera de poder hacerlo es a través de vivir la experiencia con plena consciencia, entendiendo que hay algo allí que tienes que aprender, aceptar y soltar.

La misión del alma es la misión de tu vida, consiste en aprender a amar aquello que te llega descubriendo las situaciones que te está trayendo para que tú mismo las puedas trascender. Observa siempre qué está pasando aquí y fíjate lo que pasa dentro. En el momento que eres consciente de lo que sucede sale a la luz el problema, entiendes que hay una creencia, limitación o emoción que está bloqueando y debe ser procesada. Cuando sacas a la luz y entiendes una situación sin buscar culpables, allí es cuando la puedes cambiar.

Resulta de gran importancia darte cuenta para qué han venido esas circunstancias, cuando ignoras esas piedras del camino que te llegan o no las gestionas con amor se convierten en grandes rocas y luego en montañas, porque cuando no aprendes de la experiencia vuelves a caer en el mismo sitio, es entonces cuando te cuestionas porqué todo es tan difícil para ti, porqué todavía no consigues resultados, por más que haces, por más conocimiento que adquieres continúas teniendo los mismos efectos. Esta situación se asimila al tener un carro con mucha potencia pero que no avanza por estar enterrado en el barro.

Dentro de la misión colectiva existen tareas comunes o similares, tales como el respeto a la naturaleza y al planeta en general, a los semejantes, a todos los seres vivos y a uno mismo, ya que todos somos parte de la misma, de la creación y como consecuencia todos somos la misma energía manifestada de diferentes maneras. Cuando comienzas a cuidarte a ti mismo, comienzas a cuidar la naturaleza y la creación.

*Tu misión inicial y final siempre
será mantener la vibración alta.*

<u>El propósito de vida</u>

Tiene que ver con esos talentos y dones que tú has venido a compartir al mundo, al final un don puede ser simplemente estar en casa con tus hijos, cuidarlos y amarlos en todas las situaciones, mientras que para otra persona puede ser su propósito de vida dedicarse a escribir, cocinar, hablar a cantar etc., cada uno tiene sus propios dones y talentos que tiene que ir descubriendo, son esas acciones de cada persona que contribuyen al bienestar de la humanidad, como dejar una huella en su propio pedazo de bosque. Todas las personas son realmente necesarias sin embargo no comprenden cuál es su función. Cuando comprendes tu propósito tu trabajo se torna correcto.

El propósito de vida es un camino, no un destino, a lo largo del viaje cada ser escuchará un montón de voces internas y externas que le dice que vaya en otras direcciones, creando o incrementando el nivel de inseguridad o confusión. Renuncia a la necesidad de gustarle a todo el mundo, renuncia a la triste esclavitud de estar sometido a la opinión ajena, renuncia a la máscara de esforzarte por hacer que todos te aprecien. Tu propósito individual no debe estar supeditado a otras personas, propósitos encadenados a tu sacrificio para agradar a otros no funcionan armoniosamente porque no están enfocados en amor sino en sacrificio. Sé el administrador de ti mismo ordenando tus pensamientos.

El propósito debe ser duradero y que te guste. Es muy favorable que el propósito de vida esté alineado con la ocupación desempeñada. Genera metas a corto plazo para tener éxitos o fracasos de corto plazo de tal forma que puedas refrescar y reaccionar ante situaciones en tu vida y no se conviertan en algo pesado, inmanejable e inalcanzable, en ese momento pones los pies en la tierra y disminuye la carga de la presión.

Los niños inicialmente imitan y el adulto se llena de orgullo, cuando el niño crece cambia la imitación por la comparación. Todos somos distintos y únicos, el bebé no nace aprendido, aprende imitando, el talentoso aprende primero y después brilla a su modo con su fuerza y su velocidad.

Generalmente los padres nos enseñan sobre cómo ellos ven el mundo y tendemos a adecuarnos y modelarnos a ello. Enseñan a poner atención a los adultos y cuando el niño pinta un dibujo le dicen "muy bonito, pinta otro", luego, "pinta otro y vete" y cuando se acaban las hojas te dicen, "pinta por el respaldo y vete", y el niño no sabe cómo llamar la atención de su papá o su mamá que están supremamente ocupados haciendo cualquier cosa, finalmente cuando pinta la pared para llamar su atención le dicen que es un desadaptado, lo castigan o agreden.

Anulan nuestras necesidades o nuestras posiciones, cuando te dicen tápate y contestas que no tienes frío y responden: ¡No importa tápate que está haciendo frío!, dándonos a entender que nuestro termostato está dañado y que debemos esperar a que nos den instrucciones para actuar. En algunas ocasiones te enseñan que no se debe mentir, pero luego dicen: "cuando lleguen los invitados come y cuando te pregunten contesta que la cena estaba muy sabrosa", entonces pregunta el niño

¿y si no me gusta? ellos dicen: no importa, dices que estaba sabroso y punto.

Te hacen olvidar esos talentos, dones y habilidades que tienes. Luego cuando te preguntan cómo estás o qué quieres realmente no sabes qué responder porque no estás comprendiendo tu propósito, porque estás desenfocado y te hacen volverte vulnerable a lo que los otros piensen o vean y no lo que tú veas o sientas. Esto te convierte en una persona insegura y miedosa que no actúa antes de saber cuál es el parámetro del grupo para ser aceptado y cualquier asomo de creatividad es mirado raro.

Cuando esperas que Dios te proteja, que el Estado te guíe y te dé empleo, que tu esposa(o) te ame y los que los Militares te protejan, en ese momento vives en desequilibrio porque te vuelves pasivo y dependiente de la gestión de los demás, es entonces cuando comienza el sufrimiento porque las cosas que pretendes que hagan otros no se dan. La vida es equilibrio y tú tienes libre albedrío para fusionar tu misión y propósito de vida con las herramientas con que cuentas para que seas la mejor expresión de ti mismo. Estas condiciones se te dieron para que sueltes, aprendas y evoluciones. Sólo depende de ti.

CAPÍTULO VI

Plenitud y equilibrio

Plenitud y equilibrio se centran en avanzar correctamente. Sólo porque estés haciendo muchas cosas no significa que estés logrando demasiado, no porque estés haciendo mucho significa que estás llegando a algún lugar, no confundas movimiento con progreso, te podrías convertir en un hámster que corre en su rueda y nunca avanza.

Los demás nos ven de otra manera, pero como no queremos vernos a nosotros mismos, creamos una idea de la imagen que pretendemos mostrar, pero es falsa. Podemos tener miedo y desconfianza de en- frenarnos y vernos a nosotros mismos dándonos la impresión de que si profundizamos un poco lo que vamos a ver sería poco agradable y preferimos tener una idea de nosotros superficial.

Los seres vivimos en un estado mental en que respondemos automáticamente a los estímulos exteriores porque hemos creado una serie de tendencias y de hábitos. El estado natural de la mente y del ser humano es estar despierto, no se trata de funcionar automáticamente, de vagar del pasado al futuro, de estar ocupados, de tener emociones negativas, esas cosas no son nuestro estado natural.

El único responsable de los resultados eres tú, rinde las cuentas para ti mismo. Sé feliz y proclama el amor dejando de hacer hincapié en lo que está mal, en los errores de los otros, comienza a hablar y actuar en positivo, resalta lo bueno, infunde amor, fluye con la vida, hazte parte de su felicidad infinita. Descubre y trabaja por tus sueños, esos que aún anidan en tu corazón.

El poder del dinero

El dinero es el medio para obtener o conseguir cosas materiales, el primer error es confundir el dinero tomándolo como objetivo en lugar de un medio. Es una consecuencia inevitable de una actividad en el tiempo por esto hay que dosificarlo. La posición de equilibrio es trabajar para vivir y no vivir para trabajar. Si tienes dinero y no tienes tiempo eres pobre, si tienes dinero, pero tienes mala salud también eres pobre.

¿Estoy gestionando pobreza o riqueza?

Podrás aceptar un trabajo inicialmente porque momentáneamente te sirve para subsistir, pero no te acostumbres a ello, trabajar en un empleo está bien si tiene fecha de caducidad. No busques estar en un trabajo toda la vida únicamente por esperar un bono o una pensión.

El primer paso para comenzar es liberarte de deudas, no te levantes hoy a trabajar para pagar lo de ayer, esto es salud financiera, alquila lo que más puedas porque tener propiedades al final te ata y te asfixia. Endéudate sólo en cosas que te beneficien económicamente, esto es en un negocio productivo o en educación.

Hay que conectar trabajo con placer, a nivel etimológico el origen de la palabra trabajo "tripalum"[62] representa esfuerzo sufrido. Cambia la palabra por acción creativa de tal forma que pase a darte energía en lugar de quitártela, así tus actividades laborales no consumirán toda tu vida.

---

[62] Del latín 3 palos. Yugo hecho con 3 palos donde ataban a los esclavos para azotarlos. Jean guillame sales-transforma tu problema económico en una perla https://youtu.be/ I8JZ-GcOrOE

Enamórate del proceso y no del resultado, cuando no te agrada el proceso el resultado no puede ocurrir felizmente. Disfruta del proceso, si la actividad es aburrida conviértela en algo divertido, tómalo como una pasión en lugar de una obligación. Cuando te enamoras del proceso el resultado llega por sí solo. Ten pensamientos amables, acuéstate deseando descansar para desear comenzar el nuevo día, trabajas para ayudar y para ser mejor persona, el dinero vendrá luego.

Tener más dinero para vivir mejor y laborar todo el tiempo para ello no es lo ideal, así te lo aseguren. Trabajar seis días completos para descansar uno, trabajar doce meses para tener dos semanas de vacaciones lo único que deriva es que te conviertes en un cajero automático ambulante para pagarle al estado su ineficiencia, a los bancos tu propio desorden económico y luego para darle dinero a tus familiares. Lejos de convertirte en una persona exitosa te convertirá en prisionero financiero. Si bien es cierto la vida empieza cuando tu supervivencia está asegurada no te quedes toda la vida en ese nivel.

De forma errónea proyectamos en el dinero lo que nos falta, nos dedicamos a trabajar y utilizamos el dinero como compensación a una falta de amor que no podemos dar por estar ocupados. Comienza a sentirte vivo, a estar conectado con la vida. El dinero es un medio no una meta, evita convertirlo en la razón para vivir. El dinero debe estar en el bolsillo y no en tu cabeza.

La gente te dice "a mí el dinero me lo da mi jefe en la empresa donde trabajo". Es un pensamiento tanto limitado como equivocado. Tu dinero te lo das tú, con tú talento y con el manejo de tu creatividad a través de la empresa en la que tú has sido contratado. Siéntete vivo, comprende que nadie te da nada ni nadie te lo quita, eso te lo haces tú. Tú te das tu dinero y también te lo quitas, tú te haces rico o tú te haces pobre.

Eres tú quien se da la riqueza y de hecho el sueldo te lo pones tú, porque cuando aceptas un trabajo tú estás diciendo "sí" a esa cifra, así que si quieres más tienes que empezar a pedirte a ti más y cuando tú te pidas más a ti, alguien te ofrecerá más. Tú eres tú dinero, sea poco o mucho. Si consideras que no llega es porque estás resignado en tu zona de confort y estás haciendo algo mal.

<u>Equilibrio financiero</u>

El equilibrio financiero consiste en que los ingresos que obtienes correspondan con los gastos que realices. Hagamos un ejercicio de la distribución de un salario. Si un empleado devenga $1.000 en un mes debe ajustar sus gastos esa a suma "descontados los impuestos". Muchas veces se desconoce que la carga tributaria se lleva un gran parte del salario y hay que tenerlo en cuenta para no generar déficit en el momento de afrontar los gastos necesarios para el sustento.

Para ello pondré un ejemplo básico a nivel de Latinoamérica, en donde la tributación es similar. Para una asignación mensual cada $1.000 sin ser observado claramente utilizas casi e incluso más de la mitad ($500) en tributos que son finamente estructurados, nombrados y disfrazados de varias formas para que no alcances a llegar a este razonamiento, tales como:

- Impuestos directos e indirectos: Impuesto a la renta, Impuesto predial y de vehículos, que en caso de que no sean de tu propiedad están siendo cargados con el valor del canon de pagos de arrendamiento que realizas al utilizarlos.

- Impuestos al consumo. Impuesto por comprar un teléfono, ropa, alimentos y muchas otras cosas.

- Aportes voluntarios y/o obligatorios al sistema de salud.

- Aportes voluntarios y/o obligatorios a los fondos de pensión.

- Tasas: Pagos adicionales por la compra de combustible y otros como valor que pagan los bares por tener una terraza en la calle, servicios de alumbrado, barrido y limpieza, servicio de acueducto.

- Sobretasas: combustibles, impuesto de renta cuando te cobran un anticipo del pago del impuesto de renta del año siguiente.

- Contribuciones: Por valorización de predios, por uso de vías (peajes).

- Multas.

Son muchos pagos que realizas por diferentes conceptos y que solamente son razonables en el momento en que la gestión de la administración pública sea transparente y dinámica, lo cual no se da cuando prevalecen fenómenos generalizados de corrupción a nivel público y privado.

La práctica generalizada de incrementar los impuestos anualmente deja de ser viable hasta cuando sea controlado el manejo de los recursos con honestidad y transparencia. Esto equivale a que cuando se tiene un orificio en la tubería de agua y por esto el líquido no llega suficiente se pretenda solucionar incrementando la presión con que llega el agua (impuestos), hasta tanto no se tape la fuga (corrupción) no se solucionará el problema, al contrario, seguirá creciendo la fuga. Es como pedirle a un anémico que done sangre, primero se debe controlar la fuga de la corrupción y la ineptitud en el manejo de los recursos, antes de castigar el ingreso.

En algunos casos das la contribución o diezmo a la comunidad religiosa o espiritual que sigues y que puede fluctuar entre el 5% y 10% de tu salario. Si Dios es tan poderoso y creó las estrellas, galaxias, firmamento, seres animados e inanimados y es omnipotente, entonces ¿para qué necesita el diez por ciento de tu salario? ¿Aportar una suma de dinero te asegura tu paz espiritual? ¿Acaso no hay algún miembro de tu familia, localidad o lugar de trabajo que tenga una necesidad y tú lo puedas ayudar con ese diezmo?

A fin de cuentas, te queda muy poco por mucho esfuerzo, entonces te das cuenta de que el esfuerzo es demasiado en comparación con lo que te queda para tener la vida que deseas. Si haces un presupuesto de gastos de $1.000 cuando tu disponibilidad neta real es de $400 nunca te va a alcanzar, es entonces cuando debes recurrir al endeudamiento, empeorando cada día tu situación financiera y tu tranquilidad.

El análisis no está encaminado a la evasión o elusión de las cargas tributarias y otras donaciones, el punto es que si consideras tener una suma de $1.000 para tu bienestar, debes recibir $1.600 y que si tu esfuerzo laboral es muy grande para pagar impuestos estos deben ser justamente utilizados en bienestar de todos.

Controla gastos de precios elevados que pueden ser menores. Un celular de $500 presta el mismo servicio que uno de

$1.200, entonces ¿no sería más funcional comprar el más económico? y con el dinero restante disfrutar con tu familia un viaje a la playa o al campo en lugar de mirar con tu celular costoso las fotos de tus amigos viajando en la playa? Fíjate la forma de alimentar sentimientos de desdicha y de fracaso por entrar en el consumismo irracional. Compra únicamente lo que necesites sin dejarte llevar por el consumismo desmedido que te ofrecen de forma permanente.

<u>Liderazgo</u>

Aprender no es llenarse de conocimientos, es poner en práctica lo que te enseñaron cuando consideras que es lo correcto. Cuando naces recibes los cuidados y las instrucciones para que comiences las actividades en la vida, es entonces cuando tu mamá y papá te alimentan porque aún no sabes, pero cuando eres consciente lo empiezas a hacer sólo, luego tus profesores te van dando las pautas para que adquieras destrezas. Cuando vas a una academia de conducción tomas unas horas de teoría, luego comienzas a practicar acompañado y asistido, pero en algún momento lo debes hacer sólo. No pretendas que tu profesor esté por siempre acompañándote en la silla del copiloto, por esto abandona cualquier tipo de delegación a los líderes porque te vuelves dependiente de ellos y en el camino ellos comienzan a abusar de su posición. Un caso práctico son los sistemas de gobierno alrededor del mundo los cuales abusan de sus pueblos por la confianza depositada derivada del liderazgo mal entendido.

Ser líder va más allá de tener un jefe en un escritorio ordenándote hacer las cosas, ser líder es hacer las tareas con compromiso propio, con sinceridad, amor y respeto. Ser líder es dar ejemplo de forma permanente, con valores y con amor especialmente. Líderes basados en el odio y la división únicamente fomentan guerras, hambre y destrucción. Conviértete en tu propio líder. En la medida en que comencemos a ser responsables de nuestros actos dejaremos de necesitar y de tener líderes que nos opriman y nos cobren por decirnos que hagamos lo que ya sabemos que tenemos que hacer.

La comunicación

En una conversación inicial tenemos treinta segundos para cautivar y en promedio se pronuncian entre setenta y ciento diez palabras en un minuto, en tan poco tiempo es acertado enfrentar la persona o personas con las que estamos interactuando con seguridad, entusiasmo y confianza, con movimientos acertados del cuerpo. Causa mayor impacto la forma y la intención de lo que se dice que las mismas palabras pronunciadas, para ello se presentan las siguientes recomendaciones:

• El saludo es fundamental, sé tú el primero en estirar la mano o la forma que se utilice en ese tiempo para saludar, de esta manera el interlocutor baja la mirada para buscar tu mano, así ganas el efecto de dominio, la persona te está otorgando el poder pero esto no se debe interpretar como prepotencia, es inteligencia para comenzar a manejar la situación, aprovéchalo de forma que expreses confianza, seguridad, tranquilidad llevando las riendas de lo que se busca comunicar.

• Siempre contacto visual cuando saludes, esto es mirar a los ojos de la persona que estés saludando.

• Si se dan la mano busca que tu palma de la mano pegue con la palma de la mano de tu interlocutor, así estas invitándolo a tu espacio, a tu zona vital, las personas que a las que no les agradas o te pretenden ocultar algo doblan la palma de su mano.

• El apretón de manos un 10% más fuerte en comparación a como lo recibes, ligeramente fuerte, para que trasmitas seguridad, pero con balance, si es muy débil transmitirá inseguridad y si es muy fuerte lastimarás y cortarás la comunicación fluida.

Ten en cuenta que si la posición de la palma de la mano está en forma lineal (vertical) representa igualdad y cuando saludas con la palma hacia abajo transmitirás sumisión, finalmente, si saludamos con la palma de la mano hacia arriba transmitirás un mensaje de poder.

Puedes generar poder al iniciar, sin embargo, lo importante es terminar al mismo nivel con las personas que estés. Cuando gesticulas con la parte derecha estás trabajando la parte lógica, mientras que si trabajas la parte izquierda estás representando la parte de la creatividad, esa parte emocional. En relación con el movimiento ocular y la mirada, te recomiendo mirar a los ojos a tu receptor con mirada relajada, evitando fruncir o arrugar el ceño; si la otra parte se te impone, míralo a la parte central entre ojo y ojo, esto te dará poder en la comunicación.

Los movimientos de las manos son universales, cuando la mano derecha se mueve igual que la mano izquierda representa ecuanimidad, es decir existe sincronía entre lo que estás pensando y lo que estás diciendo, cuando el movimiento es repetitivo por tres o más veces representa énfasis, cuando es centrífuga hacia afuera te representa a ti.

Procura estar pendiente de las señales del entorno sin distraerte, observando cada detalle de lo que está pasando y el impacto que tienen en el ambiente, así como en la conversación que se está dando. Observa las reglas básicas a tener en cuenta como prácticas de cortesía social de acuerdo con el rol que ocupes en el momento, esto es, si es la primera vez que llegas a un sitio entonces la imagen que quieras o debas proyectar debe estar enfocada en causar una buena impresión para que generes una buena imagen.

Aquellos que pueden leer e interpretar el lenguaje corporal disfrutan de un mayor éxito en la vida.

Daniel Goleman

El uso de la palabra y escucha

La palabra es la manifestación del resultado de todo el proceso cognitivo, afectivo y volitivo, en el cual los estímulos captados y procesados por nosotros son expresados en forma de energía. Todo lo que emites afecta al entorno para luego volver a ti.

Dirígete con compasión y respeto hacia las personas que están afecta- das con creencias y pensamientos destructivos o de derrota. Escucha pacientemente el tiempo que consideres prudente y manifiesta lo que dices con base en el amor y bondad con consciencia de la luz que emanamos hacia ellos.

Todo proyecto o sueño necesita que haya una buena base para que se pueda materializar, el comienzo de esto es la idea y a veces falta claridad porque no se determina con claridad lo que queremos, entonces lo primero que hay que hacer es generar una idea específica para luego ubicarla en las palabras adecuadas. Puedes comenzar ubicando una frase que utilice las palabras correctas para no entrar en incongruencias, porque no es lo mismo buscar trabajo que querer buscar trabajo o querer encontrar trabajo, incluso hay personas que dicen cosas desenfocadas como "quiero equivocarme" porque han leído que del error nace el éxito, pero decir que quieres equivocarte quiere decir que estás dirigido a fallar.

Hay que tener mucho cuidado y aprender a desarrollar la escucha para saber lo que realmente dices, pensando siempre en utilizar durante todo el día las palabras adecuadas, para mejorar tu vocabulario puedes buscar sinónimos y de esta forma obligas a tu cerebro a que permanezca innovando.

Nunca rompas el silencio sino para mejorarlo.

Beethoven

La palabra pronunciada desde tu boca es el vehículo del mensaje que hablas y mediante el cual te relacionas, dice mucho de quién eres tú. Una idea no suena mientras que la palabra sí y desde ahí generas un impacto en el entorno que posteriormente se convierte en oportunidades, encuentros y así las probabilidades de concretar o no algo, entonces tienes que cuidar mucho la forma cómo hablas.

Comienza por hablar como la clase de persona que quieres ser, en lugar de la clase de persona que está influenciada por otras. Agrádate y agrada siendo tú mismo, aprende a hablar como hablaría ese tú que quieres ser, enfocando tus ideas siempre en positivo, hablando de lo bueno que eres en lugar de las limitaciones que puedas sentir que tienes.

Justifica tus limitaciones y ciertamente las tendrás.

Permanece en todo momento pendiente de cómo hablas y de lo que ocurre, lo que se está moviendo energéticamente en el sitio que está aquí y ahora, por lo cual requiere de una gran presencia en el instante presente.

Has todos los esfuerzos posibles para eliminar de tu vocabulario y de tu diálogo interior y exterior los pensamientos internos de pesimismo negatividad, juicios, quejas, resentimientos y crítica destructiva; sustitúyelos por optimismo, amor, aceptación, amabilidad y paz. Cuando te sientas tentado de retroceder hacia hábitos de pesimismo, recuerda que esa energía es la que estás enviando al mundo y que con ello transmite su mensaje que bloqueará la propia energía de lo que deseas y con ella tu progreso.

El doctor Masaru Emoto[63] fue un investigador del agua conocido por sus estudios en que concluyen que las palabras, oraciones, sonidos y pensamientos dirigidos hacia un volumen de agua influyen sobre la forma de los cristales de hielo obtenidos del mismo. Según Emoto la apariencia estética de los cristales dependería de las palabras o pensamientos sean positivos o negativos. Para soportar sus estudios tomó imágenes de palabras amables en japonés como Arigato, que significa gracias, Kotodama cuyo espíritu de la palabra es energía, vibración y también desagradables como Bakayero que significa tonto, para ver como el agua responde a estas dos palabras al ser colocadas alrededor de los recipientes e intencionadas con estas frases.

---

[63] Yokohama, 22 de julio de 1943 – Tokio, 17 de octubre de 2014. Investigador del agua, autor del libro los mensajes ocultos en el agua. Emoto se graduó en relaciones inter- nacionales por la Universidad Municipal de Yokohama (Departamento de Ciencias y Humanidades). También se graduó como doctor en medicina alternativa en 1992 por la universidad abierta internacional de medicina alternativa de India. Investigó en cómo la mentalidad de las personas influenciaba en la curación parcial o total de las enfermedad- des. https://es.wikipedia.org/wiki/Masaru_Emoto

El resultado en la primera al ser visto por un microscopio fue una composición molecular balanceada y ordenada en forma de hexágono, mientras que en la segunda era un desastre. Los cristales tomaron una forma diferente de acuerdo a la carga de energía que se le suministró. Cada palabra tiene diferentes energías y vibraciones.

gracias

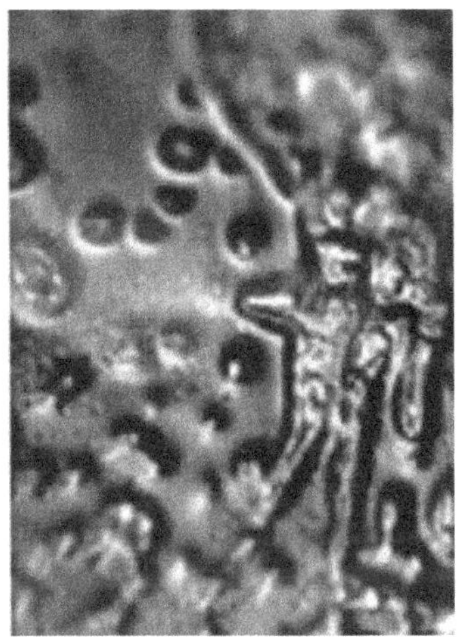

te voy a matar

https://enpositivo.com/wp-content/uploads/2013/06/Masaru-Emoto-agua-odio-amor- Particulas-de-Agua.jpg

https://jcrochac.files.wordpress.com/2017/05/5bbda-agua2bmasaru2bemoto.png?w=640

El cuerpo humano está compuesto en un 60% de agua, el cerebro se compone en un 70% de agua, la sangre en un 80% y los pulmones se componen en un 90% de agua. Las propiedades del agua son muy importantes para la vida. Las células de nuestros cuerpos están llenas de agua[64]. Debemos entender la importancia del agua como catalizador de muchas vibraciones y la palabra como influencia. Somos seres de energía y las palabras que decimos afectan poderosamente tanto al colectivo y a la naturaleza como a nosotros mismos.

Nuestros diálogos y nuestras oraciones son poderosos cuando están bien intencionados, expresa palabras en forma e intención de amor hacia ti mismo, hacia otras personas y hacia todo lo que te rodea. El amor viene de adentro hacia afuera y el cambio también, reconoce que tus palabras son generadoras del cambio y adminístralas con responsabilidad.

---

[64]. https://water.usgs.gov/gotita/propertyyou.html#:~:text=El%20cuerpo%20humano%20est%C3%A1%20compuesto, cuerpos%20est%C3%A1n%20llenas%20de%20 agua.

Postura

La postura es la adaptación individual de cada persona a la integridad física, mental y emocional, es la forma perceptible a la vista de cómo reacciona el cuerpo ante las fuerzas. El ser humano es un todo conectado desde lo psicológico, lo físico y lo emocional. En la mayoría de los casos los niveles o frecuencias vibracionales en los que se mueven las personas se manifiestan en la actitud y postura.

La postura comunica, a través de ella expresas con el cuerpo tu estado de ánimo, el cuerpo comunica lo que no puedes o quieres decir, también lo que pretendes ocultar. Cuando una persona tiene desafíos emocionales como tristeza o abatimiento adopta sin saberlo una postura determinada en forma de desbalance para expresar ese estado emocional, alterando su estática natural para compensar estas tensiones que tienen como centro el diafragma o la boca del estómago.

Las posturas afectan el sistema hormonal y generan varias formas de responder ante el entorno. Por ejemplo, una persona con postura recta y empoderada después de un par de minutos genera que sus niveles de testosterona suban, la testosterona es la hormona que nos da fuerza y actitud ante los problemas[65], también aporta a equilibrar los niveles de cortisol[66] que te permiten responder ante el estrés.

---

65. El nivel bajo de testosterona podría contribuir a disminuir la motivación y la confianza en uno mismo. Es posible que te sientas triste o deprimido, o que tengas dificultad para concentrarte o recordar cosas.
https://www.mayoclinic.org/es-es/healthy-lifestyle/sexual-health/in-depth/testosterone-therapy/art-20045728
66. El cortisol es una de las hormonas asociadas al estrés junto con la adrenalina, y su función principal preparar al organismo para los momentos de mayor activación en los que es necesario estar alerta.
https://psicologiaymente.com/neurociencias/cortisol

Cuando una persona tiene una postura de des empoderamiento, esto es con la cabeza baja y doblada la espalda, luego de dos minutos la testosterona disminuye, esto es que su capacidad de resolver sus problemas baja y su cortisol sube.

Supongamos un niño tuvo que un mal día en la escuela, llega a su casa encorvado, con la cabeza baja, los hombros caídos y una bola en el estómago, (que no es otra cosa que la contracción del diafragma derivados de la tristeza y el abatimiento), es entonces cuando su mamá o papá al darse cuenta de que pasa algo le pregunta por su situación, entonces el niño rompe en llanto con lo que su padre lo abraza y le llena de motivación diciéndole lo buena persona que es, le recuerda que lo ama mucho y le aconseja que confíe en sí mismo. En ese momento el niño al desahogarse respira mejor e inmediatamente toma una postura mejor como consecuencia de la interacción física, psicológica y emocional. En caso contrario de que los padres lo ignoren y le digan: ¡párate bien¡, el niño corregirá temporalmente su postura, pero el problema continuará afectándolo permanentemente.

No importa si seas niño, joven o adulto, cuando tengas una situación de desequilibrio y la logres detectar, corrígela inmediatamente, no esperes a que tus parientes jefes o amigos la gestionen por ti en forma de afecto. Tienes el poder y la responsabilidad de gestionarla tú mismo con amor propio. Cuando tengas una situación de postura inadecuada, esta no se limita únicamente a corregirla sino a que actúes entendiendo con consciencia que el problema es derivado de una situación mental y emocional que debe ser corregido, de lo contrario el asunto permanecerá afectando tu balance físico, tu parte emocional, psicológica y como consecuencia tu nivel vibracional se verá afectado.

Algunas personas están habituadas a mantener la mirada al suelo, al hacerlo están llevando inconscientemente una carga, una mochila, sintiendo la vida con un peso, esto denota carga emocional y falta de motivación, están percibiendo la vida en forma de sufrimiento o derrota y reflejando que su vida es dura. Esta posición no tiene nada que ver con humildad sino con debilidad. Comienza a subir la barbilla hasta que tu rostro de arriba hacia abajo retome su posición vertical, pon los hombros en posición horizontal y recupera tu postura recta. Empieza a respirar el aire de la vida en posición equilibrada, convirtiendo esta práctica en un hábito con el tiempo verás que esto mejorará tu propia autoestima, proyectarás una mejor imagen y por ende una mayor energía traducida en atracción de situaciones favorables.

Trabaja tu imagen

La imagen es la percepción que se tiene de algo o de alguien y que te identifican, ellos determinan con el tiempo tu reputación. La imagen personal te permite establecer vínculos con las personas y por ello es una poderosa estrategia de comunicación, te permite relacionarte y eso ayuda a alcanzar tus metas. La imagen que tienes de ti mismo define las pautas de tu comportamiento y acciones convirtiéndose en un importante factor que explica los resultados obtenidos. Todo debe estar alineado con la imagen que tienes de ti mismo, si estás bien por dentro estás bien por fuera. Mejorando la imagen que tienes de ti mismo ampliarán y mejorarán las posibilidades de tus acciones.

Cuida tu imagen externa, esto es apariencia física, piel, cabello, dientes, postura. Puedes ayudarte con cirugías o cualquier otro tratamiento estético, eso está bien, sin embargo, esta imagen tiene que superar la prueba del tiempo y eso se logra solamente cuidándote desde adentro, esto es haciendo ejercicio, alimentándote bien, estando en paz y vibrando amorosamente, aceptándote y amando quién eres. Mírate al espejo y háblate en voz alta a ti mismo diciéndote:

- ✓ Yo soy hermoso(a).
- ✓ Yo soy sano(a).
- ✓ Tengo lo que necesito.
- ✓ Tengo salud.
- ✓ Yo me quiero.
- ✓ Yo soy auténtico(a).
- ✓ Yo confío en mí mismo(a).

- ✓ Yo soy lo(a) que soy y no lo que me proponen o exigen estereotipos.
- ✓ No dependo para vivir de lo que hagan los otros.
- ✓ Todo depende de mí.
- ✓ Yo puedo.
- ✓ Yo decido vivir bien.

Una imagen adecuada y sincera te ayuda a crear una vida llena de alegría. Cuando conectas con la alegría, sanas y vives en plenitud, cuando no conectas con la alegría enfermas y si aún no has enfermado, es como si estuvieras enfermo.

A menudo puedes confundir sentirte bien con estar pleno, en un estado de plenitud hay sensaciones de bienestar, pero también puede existir cuando la vida es difícil. En nuestra infancia recordamos con gratitud aquellas personas y profesores que nos impusieron retos e hicieron en esos momentos la vida difícil, y los recordamos porque gracias a sus imposiciones logramos cosas favorables en nuestro presente, comienza a mejorar tu imagen con disciplina, honestidad e integridad.

Ten una mente ganadora en la que te hables a ti mismo, repítete a ti mismo todo el tiempo "Yo soy"–"Yo puedo". Motivación permanente y constante. Recuerda que los temores fuera de lugar son la plaga de la vida cotidiana que provocan preocupaciones, angustia y una variedad de inquietudes.

El karma

Es un término muy estudiado principalmente por las doctrinas hinduistas y budistas en la cual todo ser vivo tiene la libertad para elegir lo que hace o deja de hacer, lo que no se podrá evitar serán las consecuencias que deberá asumir por sus actos. Su nomenclatura en sánscrito equivale a "mal camino". Su opuesto es el dharma que corresponde a actuar con buena intención.

En la medida que la intención sea de hacer o no daño, la decisión que tome la persona generará un efecto determinado así, cuando se actúa con la intención de dañar se genera karma, por el contrario, cuando actúas a voluntad con intención de ayudar generas dharma. Cuando actúas con buena intención, pero el resultado no es lo esperado no se genera karma porque no se tuvo como propósito consciente el dañar.

Si las actuaciones fueron realizadas en debida forma el resultado favorable se da en forma de dharma y son esos privilegios de los que gozas, tales como estatus social, apariencia física, etc. Si quieres intuir cuál es tu karma o dharma sólo mira a tu entorno y comenzarás a entenderlo.

El karma es un aprendizaje que debes desarrollarlo en el menor tiempo posible, porque con el tiempo se va convirtiendo en algo muy complicado que al final se torna en un aprendizaje doloroso. Por ejemplo, si estas en la escuela y tienes una tarea para el fin de semana y pasa el tiempo y no la resuelves, lo que pasa es que no disfrutas a plenitud tus otras actividades porque estás pensando en esa deuda que tienes y al final del domingo lo haces forzado, y en el peor de los casos cuando te niegas a hacerla tienes que repetir el año con el dolor y el escarnio público.

Cuando te relacionas con una persona por un conflicto o daño y te quedas con los sentimientos de rabia o frustración, esa emoción mal gestionada genera karma y se repetirá posteriormente, no necesariamente con la misma persona ni de la misma forma, pero se repetirá. Cuando apartas esa persona con perdón y compasión es cuando liberas el sentimiento, en ese momento haces correctamente la tarea porque sueltas, alivianas la maleta y sanas verdaderamente y por ello no tendrás que volverte a encontrar con la misma situación en esta vida ni en otra. Esta es la base del concepto budista conocido como la rueda del Samsara[67].

> *El karma es como tu tarjeta de crédito:*
> *Disfrutas hoy, pero pagas mañana con intereses.*

La vida es una maestra tan perfecta que cuando no aprendes una lección te la vuelve a repetir una y otra vez hasta que aprendas, de igual manera se manifiesta el karma, cuando ignoras, evades o aplazas las pruebas éstas se acumulan y lo que inicialmente debía ser un aprendizaje sencillo se va convirtiendo en una bola de nieve que va creciendo.

---

67. Samsara, es el ciclo, las sucesiones por las cuales tiene que atravesar cada persona en la etapa de su nacimiento, vida, muerte, encarnación (en el hinduismo) o renacimiento (en el budismo). Creencia perteneciente a la mayoría de las religiones de la India. También se le llama "Rueda del destino". https://hablemosdemitologias.com/c-mitolo-gía-budista/samsara/

El karma es la forma que tiene el universo para restablecer el equilibrio, recuerda que se basa en el amor incondicional. El universo nos permite experimentar las consecuencias de lo que hacemos a otros invirtiendo los roles. Es importante decir que no siempre recibimos el equivalente exacto, lo que recibimos es el equivalente a la carga emocional que depositamos en la persona cuando la afectamos con nuestras acciones.

***Cuando huyes de tu karma y no lo enfrentas
tu vida se vuelve circular
y conviertes tu pasado en tu futuro.***

El karma más que errores o sufrimiento son oportunidades de mejora- miento que hay que atravesar, afrontar y mirarlas cara a cara, con ello buscas llegar a una polaridad tal que te obliga a llevarte al centro, al equilibrio. Si tienes algo en tu vida que te molesta y no logras resolverlo es porque lo estás atrayendo, pero tiene un sentido, no es casualidad que venga el karma contigo. En vidas anteriores has podido haber generado este karma en donde hubo una falta de responsabilidad que generó consecuencias con otras personas y no fue solucionado en su momento. La forma directa de romper el karma es soportándolo con amor y compasión.

El Karma familiar que es muy emocional tiene que ver con un sentimiento inconsciente de orfandad generado en vidas pasadas por falta de responsabilidad familiar, emocional afectiva o amorosa, por ejemplo, cuando no se pudo llevar con responsabilidad en una vida pasada el compromiso de tener hijos y familia abandonándolos o dándoles una vida sufrida sin necesidad, en este plano podría manifestarse convirtiéndose en una persona inmensamente cuidadora o sobreprotectora. En todos los casos se debe trabajar la autoestima, el amor propio y la compasión enfocados en el amor y el perdón, sin importar si eres la víctima o el victimario. Lo importante es sanar.

El karma espiritual se da cuando se ha utilizado mal la mente para manipular a otros, en este caso se puede manifestar un sentimiento profundo de búsqueda espiritual y surge la necesidad de despertar y generar consciencia en otros.

Evita juzgar al otro solamente porque peca de forma distinta a la tuya.

Otro ejemplo hipotético sería que, si tú estás determinado a cumplir una tarea específica como la de ser Roger Federer[68], en ese caso nacerás con todas las condiciones y personas que te apoyen, sin embargo, el triunfo dependerá de la forma como uses tu libre albedrío.

Tendrás las condiciones dadas para que cumplas con la misión de vida de ser un gran deportista. Sin embargo, va a depender de ti, de tu disciplina, voluntad y de la forma como administres tu karma y dharma que se dé como resultado ser el numero 1 o el número 1.000 en el ranking de tenistas o incluso hasta no ser tenista sino dedicarte únicamente a vender raquetas.

---

68. Tenista suizo vencedor de 20 títulos individuales en torneos de Grand Slam, el mayor número de toda la historia en tenis masculino junto a Rafael Nadal. Mantuvo el puesto número 1 en el ranking de la ATP durante 310 semanas, 237 consecutivas. https:// es.wikipedia.org/wiki/Roger_Federer.

La oración y la meditación

La oración es un pedido y una armonización donde cada persona con su palabra y/o pensamiento conecta con un núcleo universal integrando lo humano, lo planetario y lo sagrado. La vida es una oración. Puedes hacerlo de forma silenciosa, de forma verbal o también cantada, lo importante es la fuerza de la intención que le añades. Cuando pones la intención consciente en ella es muy efectiva y sanadora. Está bien pedir cuando tienes necesidades, esto no quiere decir que estés en carencia porque estás actualmente encarnado en un cuerpo humano y requieres cosas para tu bienestar. Pide y recibirás.

Mediante la oración y la meditación se enfoca el cambio de actitud con receptividad, dando gracias por los beneficios recibidos y por los que recibirás en un futuro cercano o intermedio. No se debe confundir con usarla para que Dios te escuche, cambie de opinión o se conmueva con palabras bonitas o elocuentes que expreses. Eres el responsable de tus pensamientos y emociones, todo lo que emites está creando tu realidad en un universo matemáticamente exacto, con cada cosa que piensas estás creando tu realidad, por esto sé responsable de tus pensamientos y controla tus actos. La meditación te ayuda en este proceso.

Hay que desprenderse de la necesidad creada de que las deidades resuelvan tus cosas, no hay que pedir que te quiten las cosas, hay que pedir que te ayuden a ver cuál es el propósito de tener los que estás viviendo para poderlo ver que hay detrás y resolverlo tú mismo(a).

La meditación es un método específico para desarrollar, entrenar y cultivar los potenciales de la mente. Es la detención consciente de la sensación del cuerpo mediante la atención en la respiración, es ver cómo pasan los pensamientos sin afectar tu mente, es la manera más directa de relacionarte contigo mismo.

La meditación es una actividad en la que se busca lograr un estado de atención centralizada en pensamientos o sentimientos positivos como felicidad, tranquilidad y armonía, ayudada por la concentración propiamente dicha junto con el manejo de la respiración, el calor corporal, etc., este estado se recrea en el momento presente y pretende liberar la mente de pensamientos nocivos.

La meditación te dará la tranquilidad y la energía para relacionarte con los demás amorosamente. Si no puedes relacionarte adecuadamente contigo mismo, ¿Cómo puedes relacionarte bien con alguien más?, ¿Qué vas a compartir? La palabra meditación tiene la misma raíz de la palabra médico, medicina, medicamento. La mejor ayuda que puedes dar a la humanidad es estar bien tú mismo. Cuando estás en meditación además de beneficiarte personalmente, puedes enfocar pensamientos positivos hacia el exterior, porque al centrarte cambias tus actitudes, te transformas, ennobleces y embelleces, creando energía positiva que redunda en vínculos afectivos más sanos que benefician al entorno. En la medida en que cambias tú, vas ayudando a cambiar el mundo. Cuando meditas haces una gran contribución a la sociedad y al mundo.

Existe una diferencia entre pensar y los pensamientos. Es mediante el pensamiento con consciencia donde puedes ver los pensamientos sin dejarte capturar o atrapar por ellos. Por eso es esencial aprender a distanciarse de pensamientos, estados de ánimo y emociones.

Al igual que seleccionas tus alimentos, de la misma forma aprende a seleccionar tus pensamientos, dejando ir aquellos que no te pertenecen. Para una gran parte de personas la mente se convierte en un problema ya que es la fábrica que genera la mayor cantidad de sufrimiento en este mundo. La mayoría de problemas nacen de la mecanicidad, el automatismo y la inconsciencia.

Un gran objetivo de un ser humano es el reconocimiento de su parte espiritual, eres espíritu en un cuerpo y no lo contrario. La meditación por si misma cada día es un logro, déjala fluir evitando poner metas, ya que la meditación es todo lo contrario, es fluir en un ritmo perfecto, sin reglas, bordes o parámetros establecidos. El Mindfulness es una técnica moderna que recoge muchos conceptos de la meditación legendaria y los aplica de forma sencilla y práctica.

La meditación parte de la respiración, cuando te concentras en la respiración muchos pensamientos que atacan tu mente y que antes eran incontrolables se liberan, tan solo tienes que ser consciente de lo que estás pensando, en ese momento tú no eres tus pensamientos porque los puedes observar, pero al hacerlo te puedes dar cuenta conscientemente de tus emociones. Una persona que medita es una persona inteligente, congruente y que tiene control sobre su vida.

La meditación es fundamental porque te ayuda a centrarte para que puedas lograr tener condiciones creativas. El universo trabaja contigo, es imposible para el universo darte algo que no deseas, ni crear situaciones que no hayas energizado en alguna parte de tu realidad. La energía universal no crea algo de la nada, solamente crea aquello que tú establezcas en un espacio energético mediante tu intención consciente o inconsciente, siempre se basa en una intención enfocada. Tan pronto hayas definido la intención, estableces las vibraciones que crean la realidad.

Una cosa es trabajar en algo
y otra muy diferente es trabajar en ser alguien.

Quien mira demasiado hacia el pasado tiene dificultades de enfocar o visualizar el futuro. En las situaciones difíciles tenemos la oportunidad de crecer, podemos ver las dificultades como un examen a nuestras fuerzas internas, si lo ignoramos, es como cerrar los ojos y vivir solo en el pasado, de esta manera la vida hoy deja de tener sentido.

Consideraciones finales

Recuerda que puedes hacer de tu palacio una cárcel o de tu cárcel un palacio, tú eres el que escoge. El cambio comienza hoy, el día es hoy y te soy sincero, la lectura de este libro no te hará más espiritual ni más feliz, tampoco más exitoso sin que tú mismo pongas de tu parte y pases de la teoría a la práctica mediante trabajo constante, con disciplina, intención, objetivo y autocontrol desarrollados con ímpetu, talento y ganas encaminados a liberar tu capacidad innata de ser feliz, exitoso, saludable, desarrollando la intuición, el amor incondicional, la belleza, la paz interior y la creatividad, estados que no dependen de ninguna circunstancia externa.

Evolucionar viene acompañado de desafíos, generalmente nos acostumbramos a evadir permaneciendo en una zona de confort. El desafío actual es darnos cuenta de todo ese potencial que tenemos y lograr darnos cuenta de lo limitada que estaba nuestra percepción para comenzar a ampliarla, romper los paradigmas que nos separan cada vez más. Ha llegado el momento, aprovéchalo.

La vida es una búsqueda de sentido y tu mayor misión es encontrarle significado propio. Depende de ti cómo la gestiones, ERES LO QUE QUIERES SER

www.ingramcontent.com/pod-product-compliance
Lightning Source LLC
Chambersburg PA
CBHW061520120726

48001CB00004B/1366